MÉMOIRES

DE M. R*****, (Rigade)

Chevalier de la Légion-d'Honneur,

Officier Supérieur de Cavalerie,

ET

PRÉVOT DE LA DALMATIE.

AGEN,

IMPRIMERIE DE PROSPER NOUBEL.

———

M DCCC XXVIII.

AVANT-PROPOS.

Si je faisais connaître le lieu de ma naissance , je courrais grand risque d'établir dans l'esprit de mes lecteurs, d'injustes préventions contre ma sincérité ; car on a pris l'habitude , depuis fort long-temps, de mettre en doute la véracité et le courage des Gascons. Il faut pourtant que l'on revienne de cette double erreur à notre égard : sans remonter à ces Gascons qui firent toute la force des vainqueurs de Crécy et d'Azincour , sans rappeler ce que furent les Gascons catholiques sous Monluc et les Gascons protestans sous Henri IV , les guerres seules de la révolution ne permettent plus de mettre en doute la bravoure d'un peuple du sein duquel s'élevèrent Montebello et cette brillante escorte de compatriotes qui sont montés avec lui au temple de la gloire. J'invoquerai, au reste, à cet égard, un juge qu'on ne saurait récuser: les Gascons, disait Napoléon dans sa marche de Fontainebleau vers l'île d'Elbe, les

Gascons sont fanfarons, mais ils sont braves.

Quant au reproche qu'on leur fait de leur amour pour la fable et de leur habitude de l'exagération, il est passé en proverbe qu'il existe des Gascons partout ; et en cela, la Garonne, voire même la Loire, ne servent plus de limite à la Gascogne.

Je puis donc annoncer à mes lecteurs que je suis Gascon, non-seulement d'outre-Loire, mais d'outre-Garonne ; qu'en un mot, je suis né au sein de la Gascogne proprement dite, dans un village justement célèbre, et que je me dispense de nommer, parce que plus d'un lecteur en trouvera la désignation dans son porte-feuille, en tête du diplome qui sans doute lui a été adressé de ma patrie.

Que mes lecteurs ne se défient donc pas de mes récits : s'ils étaient mensongers, la nature de mes relations m'exposerait, à chaque page, à des démentis formels. Telle est la garantie que j'offre à ceux qui ne me connaissent pas ; pour les autres, ma parole doit suffire.

MÉMOIRES

DE M. R*****,

CHEVALIER DE LA LÉGION-D'HONNEUR, ANCIEN OFFICIER
SUPÉRIEUR DE CAVALERIE, ET PRÉVÔT DE LA DALMATIE.

CHAPITRE PREMIER.

Premier Amour, et premier Duel.

Il est inutile de faire confidence à mes lecteurs de quelques aventures de collége ; j'en sortis brûlant de tout le feu de la jeunesse et de l'ardeur qui enflammait alors toutes les têtes. C'était en juillet 1791. Je partis à pied du sein de la Gascogne pour aller joindre le 6.e régiment de dragons en garnison à Laon en Lanois. J'avais contracté mon engagement pour huit années: j'ai servi vingt-quatre ans effectifs ; je n'ai donc pas manqué au contrat.

Le régiment ne tarda point à perdre la plupart de ses officiers nobles, par leur émigration à Coblentz. C'était MM. le duc de Guiche, aujourd'hui duc de Gramont, colonel ; de Pelan, major ; de Galard, mon capitaine, qui me recommanda à M. Martel, officier de fortune resté au corps ; etc., etc.

Le 6.e de dragons quitta Laon au commencement de 1792, et se dirigea sur la frontière du Nord. Il cantonna à Douai en Flandre jusques aux premières hostilités. C'est là que je fis mes premières armes en amour, comme à la guerre.

J'avais dix-huit ans, et le goût des plaisirs aussi violent que l'amour de la gloire. Je m'attachai à une jeune personne nommée Narcisse, dont la beauté, la taille et les formes élégantes m'enivrèrent d'amour. Je ne tardai pas non plus à m'apercevoir que je ne lui étais pas indifférent ; mais son cœur était honnête, et sa vertu résista long-temps à mes entreprises amoureuses et au doux penchant qui l'entraînait vers moi.

Le 12 janvier 1792, j'étais assis auprès d'elle ; je lui peignais mes sentimens, et dans l'effusion des témoignages réciproques de notre amour, nous avions oublié l'univers, lorsqu'il survint un sous-officier du régiment des canonniers de Laffère, nommé L.... A mon extrême jeunesse, il me prit pour un novice, et ne craignit pas de se saisir de Narcisse pour l'entraîner ; mais je lui fis voir que je ressentais son insulte comme il convenait , et je lui en demandai réparation. Nous nous rencontrâmes hors du faubourg Notre-Dame de Douai , et nous nous attaquâmes avec des demi-espadrons dont les canonniers à pied étaient armés autrefois. Mon adversaire me porta un coup de manchette que j'eus le bonheur de parer ; et ripostant aussitôt , je lui coupai le nerf de l'index de la main droite , en entamant les deux autres doigts. Lassansa , maréchal-des-logis , était mon second.

Tout fier de ma victoire , je courus chez Narcisse qui se jeta dans mes bras , en me priant , avec des larmes , de ne plus m'exposer à l'avenir et de lui épargner de pareilles douleurs. C'est alors que j'obtins le prix que je poursuivais depuis long-temps. Son amour m'accorda la plus agréable récompense qu'un soldat de dix-huit ans puisse désirer. Je suis devenu ambitieux depuis ; mais de même que le maréchal de Villars plaçait son premier prix de collége au-dessus de sa plus belle victoire , de même aussi j'ose dire que les grades et les insignes que j'obtins dans la suite touchèrent moins mon cœur que les myrtes que Narcisse me laissa cueillir.

L'accident le plus étrange et le plus imprévu m'arracha au sentiment de mon bonheur ; je m'évanouis dans ses bras, pour me retrouver , en reprenant mes esprits , le dirai-je? à l'hôpital.

L'excès de mon amour avait causé dans mon être un tel ébranlement, qu'un vaisseau intérieur s'était rompu, et que j'avais perdu, avec beaucoup de sang, toute connaissance. Les soins empressés de Narcisse, dont on peut se figurer aisément l'embarras et le désespoir, me rendirent l'usage de mes sens. Cette aimable fille oublia ainsi, au milieu de mon danger, les soins de sa réputation, et je lui dus la vie, comme je venais de lui devoir le bonheur.

Il fallut la quitter trop tôt. Le régiment reçut ordre de dépasser la frontière, et je fis mes adieux à ma belle maîtresse; ils furent tels qu'on doit les attendre d'un militaire de dix-huit ans, et d'une fille plus jeune encore. Je me suis endurci depuis; mon cœur a eu des secousses plus terribles à supporter, et les a supportées avec plus de courage. Mais pourquoi rougirais-je d'avouer ici qu'en quittant Narcisse je pleurai comme un enfant? Bientôt, au-delà de la frontière, je combattis comme un homme; voilà ma réponse à ces caractères froids qui seraient tentés de tourner en ridicule ma jeune sensibilité. Elle reprit toute son énergie, lorsque dix ans après, en l'an 9, je revis Narcisse aux Tuileries. Nous y cimentâmes de nouveau une liaison dont le souvenir est encore un charme pour moi.

Cette première affaire, au reste, où je fus

obligé de me servir d'une arme qui m'était étran-
gère, me fit sentir la nécessité de fréquenter les
salles d'armes qu'on avait établies dans les camps.
J'y acquis quelques talens que je fortifiai ensuite
dans les salles de Paris.

CHAPITRE II.

Campagnes du Nord.

Enfin la guerre se déclara, et le 27 avril 1792, les hostilités commencèrent en Belgique.

Le 6.me de dragons se trouva placé dans le corps d'armée de Biron, qui commandait, sous Rochambeau, le camp de Famars. Nous enlevâmes presque sans coup férir le poste de Quievrin, occupé par Beaulieu, et nous y campâmes le 28. Le 29, nous marchâmes vers les hauteurs de Bossu en avant de Mons, où nous fûmes encore vainqueurs.

Biron se porta ensuite sur cette dernière ville, dans l'espérance que quelque mouvement insurrectionnel y favoriserait son approche. Mais d'une part, ces mouvemens n'eurent pas lieu, et de l'autre, l'armée autrichienne couronna les hauteurs au-delà de Mons et déploya sa nombreuse cavalerie, dont les escadrons se dérobaient à nos yeux au moyen des collines et de la ville, qui leur servaient de rideau.

Vers le soir, après que les tirailleurs de Wintimille suisse, de Champagne, de Flandre et du second bataillon de Paris, eurent refoulé quelques postes avancés dans la place, nous bivouaquâmes dans la plaine, et nous reçûmes ordre de nous tenir prêts à tout événement.

Mais nous n'étions pas encore de vieux soldats. Nous venions à peine de recevoir le baptême du feu, pour me servir des expressions d'un grand capitaine, et il nous manquait cette expérience et cette habitude de la guerre qui prépare contre toutes les surprises et préserve de la trahison. Les grands-gardes avaient été placées, les chevaux étaient restés sellés et bridés, et n'étant pas de service, je m'étais endormi dans un fossé après avoir passé mon bras dans la bride de mon cheval, lorsque vers les dix heures du soir, un grand bruit se fit entendre dans notre camp. Les dragons jetèrent ce cri, qui trop souvent a été suivi de grands désastres. « Nous sommes trahis! » disaient-ils, et ils partirent au grand trot ; mon cheval les suivit pendant que je dormais encore dans le fossé, où je fus préservé, presque miraculeusement, au milieu de ce grand désordre, tandis que chevaux, cavaliers et fantassins se précipitaient pêle-et-mêle, et me passaient en quelque sorte sur le corps. Je me réveillai à ce tumulte, et pensant que l'ennemi était mêlé avec eux, je me tapis et me tins coi.

Cependant Biron ne tarda pas à rallier quelques escadrons qu'il ramena vers la ville. Je les reconnus à quelques mots qui furent dits en passant auprès de moi, et j'appelai par leur nom quelques-uns de mes camarades qui me rendirent mon cheval.

Mais Beaulieu avait déja su profiter de ce désordre ; ce qui permettrait de croire qu'il n'y était pas étranger, et qu'il avait quelques infâmes intelligences dans notre camp. Il lança à notre poursuite, pendant que Biron ordonnait la retraite, des forces décuples des nôtres, tout en cherchant à nous tourner avec l'autre partie de son armée. La retraite devint une déroute, et nous ne nous arrêtâmes qu'à Quievrin. Là, après avoir traversé le village, nous retrouvâmes nos tentes de la veille, et nous nous formâmes en bataille pour les défendre, tandis que le 2.ᵉ bataillon de Paris et le régiment suisse de Wintimille engageaient le combat contre les houlans autrichiens et les hussards Blankinthein.

Par malheur, l'impression de la nuit durait encore. Nous nous debandâmes de nouveau et toute la cavalerie rentra à Valenciennes. Nous y apprîmes la déroute de Marquin qui présentait des particularités semblables à la nôtre, avec des circonstances bien plus odieuses, c'est-à-dire le supplice du colonel du génie Bertois et le massacre de l'infortuné général Dillon. Cette malheureuse affaire fut présentée à la Convention sous les couleurs les plus noires. Ses commissaires se transportèrent à Douai où notre régiment avait été dirigé. Des enquêtes eurent lieu. Les chefs dont les têtes tombaient si facilement à cette époque devant les représentans du peuple, cherchèrent à détourner l'orage et à sacrifier quelques soldats pour couvrir peut-être une véritable trahison. Des jeunes gens nouvellement arrivés au corps ayant été accusés d'avoir jeté le cri fatal, on les emprisonna et on les menaça de les faire passer par un conseil de guerre. Je fus du nombre : mais il ne me fut pas difficile de prouver que tout ce désordre était survenu pendant que je dormais dans le fossé où mon régiment m'avait encore retrouvé en revenant sur l'ennemi, et je fus aussitôt élargi. Au reste, mes camarades de prison ne furent pas plus mal-traités que moi, et on se hâta d'assoupir cette affaire qui aurait pu compromettre d'autres personnes que nous. Je me bornerai à noter ici comme un fait qui pourra jeter quelques lueurs sur ce mystère, qu'immédiatement après les enquêtes dont j'ai parlé, notre chef d'escadron, M. Décantières, quitta le corps et voulut passer à l'ennemi. Mais on l'arrêta sur la frontière et on le dirigea sur Paris. Que devint-il ? je l'ignore. Que l'on considère l'époque où nous vivions alors, et il restera peu de doutes sur le sort qu'il dut éprouver. Nous demeurâmes cantonnés à Douai pendant deux mois.

Ensuite nous fîmes partie du camp de Maulde, jusqu'à l'époque où Beurnonville se mit à notre tête pour nous conduire contre le duc de Brunswick qui avait envahi la Champagne. Nous prîmes part au glorieux combat de Valmy, où sous les ordres de Valence, notre contenance sur les hauteurs, en avant du chemin de Gizocourt à Valmy, intimida les Prussiens et contribua à cette victoire qui sauva la France et commença la série de nos triomphes.

Je ne me permettrai point de donner une description de ce combat raconté avec tant de détails par les auteurs qui se sont chargés de conserver le souvenir de nos travaux militaires. Notre régiment y répara la faute qu'il avait commise devant Mons. Mais c'est surtout à Jemmapes que nous nous illustrâmes quelques temps après. Sous les ordres de Valence, nous y fournîmes plusieurs charges contre les dragons de Latour, et nous pûmes enfin entrer à Mons dont la victoire de Jemmapes nous ouvrit les portes.

Anvers et Namur étant tombés devant l'armée française, les Autrichiens se réfugièrent derrière la Roër. Le régiment où je servais et qui était alors sous les ordres du général Lamarlière, prit ses quartiers d'hiver entre la Meuse et cette dernière rivière.

Le 1.er mars 1793, les Autrichiens reprirent l'offensive. De grandes forces traversèrent la Roër sous le prince Charles, et tous nos postes coupés furent obligés de se retirer en désordre sur Liége et sur Maestricht. Le 6.e de dragons qui faisait partie du corps d'armée sous les ordres de Champmorin et de Lamarlière fut chassé par le comte de Latour de ses positions en avant de Ruremonde et se retira sur le village *Diest*. Mais de nouveaux ordres le firent bivouaquer aux environs de Lier.

Pendant la bataille de Nerwinden, nous fûmes chargés d'attaquer le poste de Leau ; sous les ordres de Champmorin, nous passâmes la grande Géète au pont de Bidgen, et malgré le feu d'artillerie que les Autrichiens dirigèrent sur nous, nous nous emparâmes de la ville de Leau et nous nous y maintinmes pendant la bataille. Ainsi nous fîmes tout ce qui nous avait été ordonné de faire pour la victoire. Mais le plus grand désordre régnait alors dans les troupes françaises. Les volontaires qui faisaient partie du corps sous les ordres de Miranda prirent la fuite, et les Autrichiens ayant profité de cette faute pour enfoncer les troupes de ligne, notre gauche fut entièrement battue, et le centre et l'aile droite ne pouvant résister à toutes les forces réunies des Autrichiens, nous perdîmes cette bataille, et avec elle, la Belgique.

Mon régiment prit position sur les hauteurs de Pellenberg avec les autres troupes aux ordres de Champmorin. Mais, le 22 mars, les Autrichiens nous abordèrent. En vain l'ennemi renouvela trois fois ses attaques ; nous le repoussâmes trois fois, et il laissa un grand nombre de morts devant notre front.

Dans ce combat, le 6.e de dragons fournit plusieurs charges avec honneur, tant sur l'infanterie que sur la cavalerie. Le lendemain, même contenance, même bravoure, même succès. Mais le général Lamarche s'étant retiré sans ordre derrière Louvain, et le général Leveneur s'étant posté aussi derrière la Dyle, la position de Pellenberg n'était plus soutenable, et le général Champmorin reçut ordre de l'abandonner. Nous battîmes donc en retraite, d'abord sur Louvain, et ensuite sur Lille, où un camp retranché fut établi en avant du faubourg de la Madelaine, pendant que Dumouriez trahissait la France et désertait son poste.

Cependant le général Dampierre étant parvenu, dans le courant de mai, à rétablir la discipline et à opposer aux Autrichiens une chaîne de camps retranchés et une ligne de cantonnemens qui défendaient nos frontières depuis Dunkerque jusqu'à Valenciennes, crut pouvoir reprendre l'offensive et il tenta de dégager Condé. Malgré son peu de succès dans cette attaque, il ne craignit pas de quitter son camp de Famars et de se porter jusqu'à Quièvrin. Mais il fut repoussé avec grande perte, ce qui ne l'empêcha point de tenter encore le lendemain le sort des armes. D'après ses ordres nous quittâmes avec le général Lamarlière notre camp de la Madelaine et nous marchâmes sur Saint-Amand. Mais sur ces entrefaites, Dampierre fut blessé mortellement devant le bois de Vicogne ; la confusion se mit dans les rangs français, et nous fûmes obligés de battre en retraite après avoir exécuté plusieurs charges contre les hussards rouges Prussiens.

Nous rentrâmes donc au camp de la Madelaine, où nous fîmes une guerre d'avant-postes sans résultat, jusqu'au mois d'août, époque où le général Houchard prit le commandement de l'armée du Nord.

Le 18 août, notre infanterie se laissa déposter de Lincelles, après avoir néanmoins déployé la plus grande bravoure, et elle fit sa retraite dans le meilleur ordre. Ce succès fit commettre aux ennemis la faute de négliger Lincelles. Vers midi, nous nous lançâmes dans le village. Tout ce qui s'y trouvait fut sabré ou dispersé, et nous y reprîmes l'artillerie qu'on y avait abandonnée le matin. Les Anglais firent de grands préparatifs pour nous débusquer. Nous les attendîmes à demi-portée, et nous en couchâmes sur le carreau plus de trois cents dès les premières bordées. Mais leurs forces étaient trop nombreuses, et il nous fallut battre en retraite une seconde fois. L'ennemi resta donc le maître d'une position teinte de sang et en ruines. Lincelles fut rasé et abandonné après avoir coûté, aux alliés ou à nous, deux mille morts ; après quoi nous rentrâmes dans nos premières positions.

Le 13 septembre suivant, nous prîmes part aux combats de Turcoin et de Lanois, et nous chassâmes le général Reinzeisthem de cette dernière ville. Pendant que les Autrichiens se retiraient en désordre, j'aperçus huit hussards hongrois qui s'étaient écartés de leur colonne. *Noguès, Faligant, Annète, Ecar,* tous dragons, et moi, nous nous lançâmes au galop pour leur couper la retraite. C'est en vain qu'ils s'enfuirent sur Templeuve ; chargés avec vigueur, quatre tombèrent morts et quatre nous rendirent les armes. Je reçus dans cette petite escarmouche plusieurs coups de sabre à la main gauche et au visage. Noguès eut le casque fendu jusqu'au crâne qui fut même légèrement entamé.

A la suite des combats de Turcoin et de Lanois, nous fûmes cantonnés au village de Flers, où nous fîmes un service actif d'avant-postes jusqu'au 23 octobre, époque à laquelle le général Souham vint nous prendre sous ses ordres, pour nous conduire sous les murs de Ménin. Mais avant d'y parvenir, il nous fallut chasser l'ennemi des villages de Willem et de Sailly où il était en forces, et où il avait une artillerie formidable. Il fut pourtant enfoncé à la bayonnette et rejeté dans Ménin qui fut attaqué le lendemain 24, avec tant de vigueur que ses troupes l'évacuèrent. Alors nos sapeurs brisèrent les portes de la ville. Le 6.me de dragons ainsi que d'autres corps de cavalerie la traversèrent au galop, poursuivirent les fuyards pendant une demi-lieue et ramassèrent un grand nombre de prisonniers; après quoi notre régiment reprit son rang de bataille dans son ancienne position, où nous passâmes notre quartier d'hiver.

La campagne de 1794 s'ouvrit en avril sous les ordres du général Pichegru. Le 6.me de dragons se trouva au centre de l'armée du nord, à l'échec de trois villes, ou de Castillon. Le général Chapuis qui nous y commandait y perdit beaucoup de monde et trente-cinq pièces de canons. Nous dûmes nous réplier sur Cambray ; l'ennemi nous y suivit, et ses tirailleurs engagèrent le feu le plus vif avec les nôtres. J'y courus pour ma part un grand danger ; car, ayant été porté en avant, moi vingtième, une compagnie de chevau-légers sortit de la ligne de bataille, traversa avec impétuosité nos tirailleurs, nous coupa en deux, et s'étant divisée en deux pelotons, nous chargea sur deux directions, en se jetant entre nous et notre armée. Il nous fallut faire une trouée sanglante dans leurs rangs, et nous y laissâmes sept morts et huit blessés ; de sorte que cinq seulement, du nombre desquels je me trouvais, purent rentrer au régiment sans blessures, mais sur des chevaux sabrés et presque sans forces.

Un peloton de dragons qu'on avait chargé de nous soutenir au besoin ne fit aucun mouvement pour nous dégager, et le général renvoya le lieutenant qui le commandait sur les derrières de l'armée.

Le 29 avril, nous étions en face de la position de *Castel* que le général Clairfayt occupait avec dix-huit mille hommes et beaucoup d'artillerie. Les hauteurs furent enlevées à la bayonnette et l'ennemi refoulé sur Tournay.

C'est dans cette circonstance que le général Souham se préparant à l'attaque des moulins de

Castel, passa devant deux escadrons du 6.me de dragons que commandait le colonel Pointis. Il lui ordonna d'envoyer plusieurs patrouilles sur différentes directions pour éclairer l'armée. Trente-deux hommes sortirent des rangs et se formèrent en quatre pelotons de huit hommes chacun. Comme il ne se trouvait point là assez de brigadiers pour les commander, on me chargea de diriger une patrouille vers les Autrichiens. Nous n'avions pas fait un quart de lieue, que nous aperçûmes cinq hommes venus de l'ennemi, pour l'éclairer également. J'embusquai mes dragons dans un chemin profond, et qu'un angle dérobait à la vue de cette patrouille ; elle nous dépassa de trente pas. Aussitôt nous fondîmes sur elle, et ils furent nos prisonniers, avant même d'avoir mis le sabre à la main. C'était des hussards de Blankisthein, et nous vendîmes leurs chevaux au quartier général.

Cependant l'ennemi ne tarda pas à faire des démonstrations contre Courtrai, qu'il chercha à nous dérober par une fausse attaque, dont notre régiment eut à supporter tout le feu. C'était le 22 floréal an 3 (11 mai 1794); au point du jour, l'ennemi se porta sur nous avec furie ; mais le général Souham sut le contenir avec son artillerie ; et en jetant en avant une ligne de tirailleurs. Nos canons se trouvaient sous la protection de deux escadrons du 6.me de dragons que commandait M. Martainville. Quant à moi, j'étais en tirailleur, et ce service a toujours été de mon goût. Nous soutinmes le combat jusqu'à midi; mais comme nous étions à cheval depuis quatre heures du matin sans avoir pris de nourriture, nous nous retirâmes derrière un moulin à vent, afin d'y goûter une demi-heure de repos. L'ennemi en profita pour nous dresser une embuscade : tout-à-coup, pendant que nous étions couchés par terre, l'avant-bras passé dans la bride de nos chevaux, nous fûmes assaillis par un feu de file parti de derrière une haie presque à brûle pourpoint. Aussitôt nous montâmes à cheval, et nous partîmes au galop sur l'ennemi pour venger cette insulte. Mais le brave général Jardon accourut vers nous : «Où allez-vous, dragons, s'écria-t-il ? C'est une embuscade.» A ces mots, il ordonna la retraite; au bout de quelque temps il se mit à notre tête, et nous faisant remonter la route de Tournay, il chercha à nous porter sur les derrières de l'ennemi. Mais le pays était couvert de bois, et il fut impossible d'y poursuivre cette infanterie. Nous nous plaçâmes alors sur une hauteur, à la gauche de la route de Courtrai; après y avoir établi nos postes , nous mîmes pied à terre.

Sur ces entrefaites et pendant cette attaque qui n'avait eu lieu que pour masquer d'autres mouvemens, nous apprîmes que les Autrichiens menaçaient sérieusement Courtrai. Le général Souham s'y porta aussitôt , avec toutes les troupes qu'il put réunir, et son artillerie força l'ennemi de s'arrêter au moment même où il se croyait maître de la ville. Pendant le combat, une ordonnance porta l'ordre à notre chef Martainville de conduire ses deux escadrons au quartier général. Nous y arrivâmes à cinq heures du soir. Toutes les troupes avaient donné. Le 6.me de dragons, composé de nos deux escadrons et des deux premiers qui s'y trouvaient déjà sous notre nouveau colonel Vincent , reçut l'ordre d'entamer une charge : « Allons , mon » sixième , s'écria le général Souham , c'est » vous qui déciderez du combat. »

En face de nous se trouvait le régiment des dragons de Latour , la meilleure cavalerie autrichienne. Il était protégé par une artillerie formidable qui nous couvrait de ses boulets ; mais nous ne laissâmes pas d'aborder l'ennemi, de l'enfoncer et de le rejeter sur son infanterie, au milieu de son camp même et malgré les embarras des bagages et des baraques que nous trouvâmes dans notre course. Cependant il eut été dangereux de nous aventurer plus loin, et nous prîmes position sur le terrain même que nous venions d'enlever au régiment de Latour, non sans perdre beaucoup de monde par le feu de l'artillerie ennemie qui ne cessa de nous inquiéter.

L'ennemi profita de ce délai pour reconquérir le terrain qu'il avait perdu. Notre colonel le laissa parvenir à vingt pas, suivi de quelque infanterie, et au moment où les dragons de Latour venaient de faire sur nous une décharge de mousqueterie, et replaçaient leurs fusils dans les porte-crosses, nous les prîmes en flagrant délit, et nous les chargeâmes avec tant d'impétuosité que nous couvrîmes le champ de bataille de leurs morts et dispersâmes le reste. Dans la chaleur et le désordre de ce combat, je parvins aux fantassins qui avaient protégé cette cavalerie, et me croyant suivi de mon régiment, je perçai et traversai l'un de leurs bataillons. Qu'on juge donc de ma surprise, lorsqu'après l'avoir dépassé, je m'aperçus que j'étais seul. J'étais perdu si j'eusse hésité une seconde; je tourne bride, je me fis de nouveau jour à travers ce bataillon, au milieu d'une grêle de balles : mon cheval en fut criblé, mais je ne reçus qu'un coup de bayonnette au bras droit, et je rentrai en ligne en même temps que mon généreux coursier tombait mort, après m'a-

voir sauvé. [1] Mais on ne manqua pas de chevaux
dans cette soirée, et j'eus celui d'un dragon
moins heureux que moi. Nous perdîmes dans
cette affaire notre brave colonel Vincent arrivé
ce jour même pour nous commander, et tous
les fourriers du régiment. Le colonel sortait du
12.me de chasseurs à cheval, et il n'eut pas le
temps de revêtir l'uniforme du 6.me de dragons.

A la suite de cette brillante affaire, l'ennemi se
retira pendant la nuit sur Thielt, d'où il chercha
à couper les communications de l'armée française, campée entre Menin et Courtray, avec la
place de Lille. Mais les généraux français surent
les maintenir par leurs manœuvres, et le général
Bonneau qui commandait dans Lille put continuer ses relations avec le général Souham.

Le 18, l'ennemi occupait Turcoin et Water-
los; mais nous l'y attaquâmes avec tant de vivacité, qu'il ne vit son salut que dans la fuite,
et fut rejeté sur le chemin de Tournay, qu'il
couvrit de ses armes jetées dans sa retraite. Nous
lui fîmes éprouver une perte de 3,000 hommes
et nous lui primes soixante pièces de canons.

Alors l'ordre fut donné par le général en chef

---

[1] Ce trait est attesté dans un titre authentique, délivré par le
Conseil d'administration du 6.me régiment de dragons, à Arxem
devant Mayence, le 30 thermidor an III, et visé par M. le lieutenant-général Scherb, commandant la division.

Pichegru, à toutes les colonnes, de se porter sur Tournay.

Le 23, les lignes furent engagées, sans d'autres résultats que beaucoup de morts et de blessés. Le 6.ᵐᵉ de dragons pénétra jusqu'au village de Pont-Achain, presque aux portes de Tournay; mais l'ennemi y avait des forces supérieures et nous fûmes ramenés avec vigueur sur Courtray avec le reste de l'armée.

A la suite de ce mouvement, le siége d'Ypres fut résolu. En conséquence, le général en chef concentra ses troupes entre Courtray et Menin, et mon régiment qui faisait partie de la division du général Souham, prit position entre le village de Pachendach et de Lansemach, afin d'observer et de contenir l'ennemi qui occupait toujours la position de Thielt; et, le général Clairfayt ayant fait quelques démonstrations pour dégager Ypres, notre cavalerie le força à rentrer dans son camp : c'était le 10 prairial.

Le 13, Clairfayt nous attaqua de nouveau; mais les généraux Macdonald, Dewinter, Dandels, Jardon et Salm le rejetèrent pour la seconde fois sur Thielt, et ce succès décida du sort de la place d'Ypres. Dans ce dernier combat, le 6.ᵐᵉ de dragons exécuta la charge la plus brillante et la plus heureuse contre le 5.ᵐᵉ régiment anglais.

Après la reddition d'Ypres, notre division passa l'Escaut et se porta sur Deynse, où l'ennemi avait pris position et d'où nous le délogeâmes. Il fut poursuivi jusques aux portes de Gand, avec perte de beaucoup de prisonniers et de plusieurs pièces de canons.

Ces succès firent concevoir au général Pichegru le projet de séparer Clairfayt de l'armée anglaise, de se porter sur les derrières de l'armée de Cobourg, et de faire sa jonction avec Jourdan qui commandait en chef l'armée de Sambre-et-Meuse ; mais il fut arrêté dans ces projets par un ordre du Comité de salut public, qui lui ordonnait de rétrograder sur la Lys, afin de s'emparer d'Ostende.

Le 15 juin, nous revînmes donc sur Deynse, et le premier juillet, Ostende tomba en notre pouvoir, sans coup férir.

Cependant Jourdan poursuivait l'ennemi, et Pichegru se remit en mesure d'exécuter le plan qu'il avait conçu.

Le 3 juillet, nous étions dans le voisinage de Gand. Le 9, nous campâmes à Erembaugen, et le 11, derrière le canal de Wilvenden : c'est-là qu'eut lieu la jonction des deux armées.

Du canal de Wilvenden nous attaquâmes les Hollandais protégés par celui de Louvain, où un pont fut aussitôt jeté, et l'armée traversa ce dernier canal, malgré les Hanovriens qui en défendaient la rive opposée et qui furent jetés derrière la Nethe, après une grande perte.

Nous les poursuivîmes jusques à Malines, où nous entrâmes en même temps que l'ennemi, notre infanterie en ayant escaladé les murs.

Enfin, l'armée du Nord se porta sur Anvers. Là, au bivouac, au-dessus de cette ville, il me fut fait une insulte que je ne supportai pas patiemment. J'avais été fait brigadier à la suite de l'affaire devant Courtray, et mes lecteurs ont pu voir que j'avais réellement mérité cette récompense. Cependant un vieux dragon, nommé Prié, osa m'accuser de flatterie envers mes chefs et de ne devoir leur bienveillance qu'à ce rôle bas et indigne d'un homme d'honneur.

J'ai toujours considéré la franchise comme la seconde vertu du soldat français, et je ne pus recevoir avec indifférence un reproche de la nature de celui qui m'était adressé. J'en demandai réparation et je l'obtins au sabre droit, notre arme commune. Nous nous battîmes à peu de distance du bivouac, et j'y blessai mon adversaire. C'était mon second duel.

Nous demeurâmes aux environs d'Anvers jusqu'au 14 septembre. A cette époque la division Souham prit position sur la rive droite du Merch.

Le 23 décembre eut lieu l'investissement de la ville de Bois-le-Duc, dont les approches étaient fort difficiles, à raison des fossés, des marais et des inondations qui l'entouraient au loin. Notre armée, d'ailleurs, se trouvait sans équipages et dénuée des choses les plus nécessaires. Notre régiment fut chargé de rejeter dans la ville les patrouilles hollandaises qui battaient la campagne ; nous les ramenâmes jusqu'au premier pont-levis et sous le feu même des batteries ennemies, et nous nous emparâmes d'un des faubourgs où le quartier-général fut établi provisoirement.

Le lendemain 24, nous reprîmes notre rang de bataille parmi les troupes qui formaient l'investissement de la place, et nous y apprîmes qu'une colonne de l'armée s'était emparée du fort St.-André dans une petite île au confluent de la Meuse et du Wahal.

Pendant les quatre jours suivans, les troupes furent occupées à confectionner des gabions et des fascines que la cavalerie transporta à quelque distance des remparts. Mais l'ennemi n'attendit pas l'effet de nos menaces, et après quelques jours de bombardement, il capitula le 9 octobre. La garnison fut prisonnière de guerre sur parole et renvoyée dans l'intérieur de son pays. Quant aux émigrés qui se trouvaient dans la place, ils ne furent point compris dans la capitulation ; mais pendant les négociations, on construisit dans la ville plusieurs barques qui furent ensuite descendues des remparts dans la Meuse, et plusieurs de ces Français réussirent par ce moyen à se réfugier au fort de Crèvecœur, situé un peu plus bas ; quant aux autres, ils subirent toute la rigueur des lois révolutionnaires.

Après la chute de Bois-le-Duc, nous passâmes la Meuse, les 18 et 19 octobre, auprès de Teffnen, sans éprouver la moindre résistance de la part des Anglais, qui s'étaient mis au contraire sous la protection du canon de Nimègue.

Le 6.ᵉ de dragons fut alors dirigé sur la ligne d'Appestern, où nous trouvâmes le 3.ᵉ de hussards. L'ennemi y avait pris position.

On distinguait parmi les troupes qui nous étaient opposées, la légion de Rohan, composée en entier d'émigrés français. Nous l'attaquâmes avec fureur, et après le combat le plus meurtrier, nous la forçâmes à quitter un champ de bataille qu'elle couvrit des cadavres de trois cents des siens. Soixante-douze émigrés tombèrent en notre pouvoir !...... Après cette affaire, les Anglais se retirèrent entre le Lech et le Wahal, ce qui décida le général Pichegru à porter le corps de Souham sur Nimègue, que

nous investîmes le 27 octobre. Pour favoriser
cette opération, le général de cavalerie Le
Grand fut chargé de reconnaître la place. Il prit
avec lui de l'infanterie et un peloton de nos dragons que je commandai, et avec lequel ce général chargea deux patrouilles hollandaises à
cheval, que nous refoulâmes sous le canon de
Nimègue. Au même instant un troisième peloton ennemi se montra sur notre gauche, et
ce brave général se mit à notre tête pour l'attaquer. Mais pendant cette charge sa selle tourna
sous le ventre de son cheval, et le général se
trouva à terre. Je sentis le danger de sa position, et pour lui donner le temps de se relever,
je précipitai mes cavaliers sur l'ennemi qui se
retira en toute hâte vers la ville. Alors je revins
vers le général et lui offris mon cheval qu'il refusa pendant que l'ennemi accompagnait ce col-
loque de ses coups de canon, dont les boulets
sillonnaient la terre autour de nous. Nous ne
perdîmes dans cette affaire que le cheval du général Le Grand qui entra le premier de l'armée
française dans Nimègue, car il partit en ligne
droite vers la place, et nous pûmes le voir saisir
par le factionnaire qui était en-avant du pont-levis.

Le lendemain 28, notre régiment bivouaqua
avec le 6.me de hussards, dans un bois de sapins,
sur la gauche du Wahal et hors de portée du ca-

non de Nimègue. Ces arbres résineux servirent à
alimenter nos feux et à nous défendre contre la
rigueur de la saison, dans cette région froide et
humide. Mais que d'autres privations y vinrent
nous assaillir! Nous y manquions de tout, de
solde, de vêtemens, d'eau-de-vie, de pain!.....
Croirait-on que j'y vécus pendant huit jours d'un
fromage de hollande? Encore ne m'étais-je procuré cette ressource qu'en violant la discipline.
Lors de notre passage à Bois-le-Duc, l'ordre
avait été donné de ne point mettre pied à terre;
mais je commençais à avoir un peu de pré-
voyance, et les souffrances passées m'en faisaient appréhender de nouvelles : je désobéis,
et j'achetai un fromage de quatorze livres. On
dit que cet aliment est digestif ; mais malgré
l'expérience que j'en fis, je ne puis fournir à
cet égard rien de positif à nos gastronomes ; car,
ce ne fut point pour dégager mon estomac que
j'y eus recours. Lorsque depuis, comme on le
verra dans la suite, je me vis, en qualité d'officier de la garde consulaire, à la table de
Cambacérès, on croira sans peine que le souvenir de mon jeûne devant Nimègue, et de mon
fromage de Hollande, du poids de quatorze livres, donnait un assaisonnement de plus aux
ortolans et aux pâtés de M. Dégrefeuille.

Nous n'étions distraits de notre triste position

dans ce malheureux bois de sapins, que par un service sans gloire et peu propre à nous consoler de tant de privations : il consistait à transporter les gabions et les fascines sur les bords des fossés de la place, et à affronter les boulets, sans cette action qui déguise la mort, et sans l'espoir de ces succès qui consolent le soldat blessé et agonisant, au milieu des cris de victoire.

Nimègue prise, le 6.me régiment de dragons reçut ordre de se rendre à Venlo, et de là dans la Gueldre, pour s'y remettre. Cet excellent cantonnement nous fut donné à titre de récompense, pour notre patience et notre résignation pendant le siége.

Ce ne fut qu'après notre départ que le fort de Grave, situé sur le Wahal, se rendit à l'armée Française.

Après quinze jours de repos, nous entrâmes en ligne devant Breda. Nous y engageâmes le combat contre un parti considérable d'émigrés français, à la solde de la Hollande, et portant au bras gauche les couleurs du Stathouder, ainsi que contre un corps d'Anglais à cheval, et le régiment de hussards noirs hollandais Nous les surprîmes, sans vedettes, sans grand-garde, et cantonnés comme en temps de paix Ils furent sabrés en partie ou rejetés au milieu de l'eau de l'inondation. Les émigrés nous opposèrent quelque résistance; c'est même sur le visage d'un d'entre-eux que le premier coup de sabre fut appliqué. Il partit de la main de notre colonel Fauconet, qui ne les a jamais ménagés. Dans cette même affaire, je fis prisonnier le vague-mestre du régiment des hussards noirs; mais je dois dire à sa louange, qu'il ne se rendit à moi qu'après avoir reçu quatre coups de sabre, qui tous avaient porté. Nous lui trouvâmes vingt-trois lettres dans sa sabretache, pour plusieurs de ses camarades, et quelques pièces de monnaie: les lettres furent renvoyées à son chef de corps; mais nous ne fûmes pas aussi généreux quant aux ducats. Telle est la guerre au reste; et puisque Bayard faisait quelque fois une spéculation de ses coups de lance, pourquoi mon sabre ne m'aurait-il pas procuré les mêmes bénéfices?

Quelques jours après, Breda nous ouvrit ses portes et l'ennemi continua sa retraite, que favorisait la rigueur de la saison. Vainement il chercha à nous arrêter sur ses pas: chaque fois qu'il manifesta quelque intention de résistance, notre artillerie précipita sa marche, et il était curieux, dans ces diverses occasions, de voir rebondir sur la glace les obus et les boulets qui lui intimaient l'ordre de nous livrer la Hollande. Nous nous y enfoncions de tous côtés; nos colonnes l'envahirent, et dans peu de jours nous vîmes

tomber devant nos drapeaux la Haye, Amster-
dam, Rotterdam, Dordreck, Gertuidenberk,
Gorcum et Utrech. Il restait cependant à conquérir les provinces d'Over-Yssel, de Groningue et de Frise qu'occupaient les Anglais; mais
ils ne tardèrent pas à se retirer derrière l'Yssel et
à nous abandonner les positions qu'ils tenaient
depuis Oësbourg jusqu'à Kempen. Nous dûmes nous féliciter d'emporter sans coup férir des
retranchemens où l'ennemi, sous le feu de sa
nombreuse artillerie, aurait pu rendre sa défaite
sanglante. D'après les ordres de Pichegru, Macdonald sut mettre cette faute à profit : il s'établit
entre Deventer et Zwol.

Bientôt le général Michaud reçut ordre de se
jeter dans la Zélande. Le 6.ᵐᵉ de dragons fit partie de sa division, et nous prîmes part à une
campagne hérissée de difficultés de toute espèce.

La Zélande tomba en notre pouvoir, à la suite
de l'expédition brillante où l'on vit l'artillerie et
la cavalerie françaises se lancer au galop sur le
Texel glacé et prendre une flotte à l'abordage.

Il restait à conquérir les provinces de Frise et
de Groningue que l'ennemi tenait encore. Le général Macdonald reçut ordre de l'en déloger. Son
corps d'armée dont nous fîmes partie, entra
dans Groningue, le 19 février. Les Anglais avaient
cherché vainement à nous arrêter devant ces

positions échelonnées. Ils furent culbutés de poste en poste avec grande perte d'hommes, d'artillerie, de bagages et d'un matériel considérable.

A la suite de cette expédition, je reçus l'ordre d'occuper avec 25 dragons et 20 fantassins, le fort de Delfzyl, pour protéger la plage où l'on craignait un débarquement de l'ennemi ; mais celui-ci ne parut point, et quinze jours après je rentrai à Groningue dans le 6.me de dragons, qui reçut l'ordre de quitter la Hollande et de se diriger sur Coblentz.

Nous cantonnâmes, après plusieurs jours de marche, dans Mulher, village situé à une petite distance du Rhin, entre Andernac et Coblentz. Nous y trouvâmes l'armée française campée le long du fleuve, en face de Neuwide, et se préparant à l'attaque de Coblentz. Mais l'ennemi n'osa point engager ses forces avec les nôtres ; il évacua la ville et se retira dans la citadelle d'Erenbreistheim. L'armée française devint donc sans combat maîtresse de ce boulevart des émigrés et des ennemis de la république ; après quoi le 6.me de dragons alla prendre ses cantonnemens dans le village de Montréal, où je devais quitter l'armée.

En effet, nous y reçumes l'ordre du ministre de la guerre, d'envoyer six hommes de notre corps pour former , avec autant de soldats pris dans chaque régiment de cavalerie , la légion de police à cheval , destinée au service de Paris. Je fus du nombre , et nous nous dirigeâmes , moi sixième , sur Versailles , où le général D...... nous organisa , et forma , des différens détache-mens sortis de chaque corps , la légion brillante qui reçut , le 29 frimaire an 5 , ses chefs et ses instructions. J'entrai avec le grade de fourrier dans la 3.ᵐᵉ compagnie.

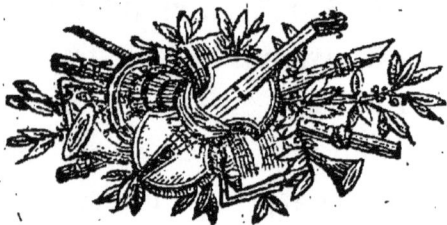

CHAPITRE III.

Délassemens.

Mes lecteurs ne verront pas, je pense, sans plaisir l'interruption du récit compliqué de nos combats, de nos désastres et de nos triomphes dans le nord, et le repos dont je jouis à Versailles me permet de leur offrir des détails d'un autre genre.

Le général D...... avait plus de soixante ans; sa femme était jeune et jolie.......

C'était le temps où toutes les têtes étaient volcanisées. L'armée révolutionnaire parcourait les départemens et fraternisait avec les bourgeois. Dans ce contact des citoyens et des soldats, les passions s'exaltaient, et les propositions les plus délirantes se faisaient et s'adoptaient, *inter pocula*, par acclamations; aussi les murs étaient-ils couverts de placards incendiaires. Quoique bien jeune encore, je sentis les dangers de ces rapprochemens et de ces banquets, et j'osai les critiquer avec force dans un écrit, dont le style scandalisa les autorités locales. On fit tant, que le bruit en parvint à mon général, qui voulut me voir, et qui, après avoir reçu mes explications, m'accorda sa protection et me retint à sa table. Bientôt ses invitations réitérées me firent contracter la douce habitude de me présenter chez lui chaque jour.

Madame, ou plutôt la citoyenne D......, était la plus aimable des républicaines ; elle trouvait dans ses études un sujet de conversation inépuisable, que l'exaltation du temps avait mis à la mode ; en un mot, elle était très-forte sur l'histoire. Les droits de l'homme ne furent jamais mieux respectés que par elle, et tout en parcourant les bosquets de Versailles et de Trianon, nous causions avec feu des Grecs et des Romains, sans pour cela dépouiller le caractère français.

Les soins que je donnais à M.me D......, et l'attention soutenue qu'il me fallait accorder à sa conversation, ne m'avaient point empêché, pendant nos promenades, de remarquer une jeune et belle personne, dont les regards s'étaient souvent rencontrés avec les miens, et dont les charmes me promettaient plus de bonheur encore que je n'en puisais dans les dissertations historiques de la femme du général. Comme je crois l'avoir déjà fait pressentir, celle-ci était une femme savante, et l'extrême jeunesse d'Angélique L...... me donnait l'espérance de pouvoir changer de rôle, et d'écolier que j'étais auprès de l'une, de devenir maître auprès de l'autre.

Je pris donc des informations, et je ne tardai pas à apprendre qu'Angélique demeurait à Montreuil, avec sa mère. Je rêvai long-temps aux moyens de m'introduire auprès d'elle, et j'y parvins, grâces à un léger incident et à ma confiance de dragon de vingt-cinq ans. Un jour, sur la promenade de Montreuil, je trouvai, sous mes pas, un mouchoir. Je l'examine.......... O bonheur! il était marqué des lettres initiales des noms d'Angélique. Mon parti est pris aussitôt: je frappe à la porte de sa mère; en deux bonds je suis dans son appartement, et j'y aperçois, sur une ottomane, M.me L...... et sa fille négligemment penchée et montrant, dans cette posture, toutes les grâces de sa personne. Le mouchoir me servit de prétexte: je feignis de croire qu'il leur appartenait; mais Angélique ne s'y méprit point; car ses yeux m'annoncèrent qu'elle avait pénétré le secret de ma visite, et qu'elle n'en était point offensée. Je quittai ces dames plus amoureux et plus décidé à tout entreprendre, pour obtenir le prix de mon amour.

Il existait dans le voisinage, au café de la

Paix, rue de Paris à Montreuil, une de ces personnes dont le cœur est dépouillé de ce fiel et de cette envie qui, trop souvent, transforment en dragon de vertu celles que l'âge met à l'abri des amans.

Cette limonadière savait compâtir aux tendres faiblesses, quoiqu'elle ne les éprouvât plus. Elle se chargea volontiers de ma correspondance. J'écrivis donc une première lettre, puis une seconde; enfin, j'en écrivis tant que ne sachant où donner de la tête, Angélique vint m'apporter au café toutes ses réponses à la fois. Combien elles furent éloquentes, et qu'elles valaient bien les Grecs et les Romains de Mme D....! Angélique n'avait pas encore vingt ans.

C'est ainsi que mes jours s'écoulaient entre deux femmes charmantes, lorsque j'entrai, le 1.er nivôse an 5, dans la garde du Directoire, qui fut organisée par le général Krieg. Cet officier supérieur se présenta à l'école militaire, où la légion de police, devenue le 21.e de dragons, se trouvait cantonnée depuis quelques jours. La revue terminée, il fit sortir six hommes des rangs, et reçut de notre colonel Malo tous les renseignemens nécessaires à leur sujet. Je fus du nombre, et je me vis au moment, quoique fourrier, d'entrer sans grade dans la garde directoriale.

Mon père avait autrefois connu le citoyen Lacuée, devenu sous l'empire comte de Cessac. Je me hâtai de recourir à sa protection. Il voulut bien me donner, pour le général Krieg, une lettre, qui n'obtint pas le résultat qu'il s'en était promis ; mais sa recommandation auprès du directeur Carnot eut un plein succès ; car ce dernier écrivit au général Krieg, qui me dit en recevant la lettre : « Mon camarade, vous » avez là une trop bonne protection...... Soyez » tranquille, vous serez brigadier-fourrier. » En effet, j'obtins ce grade par arrêté du 12 frimaire an 5, et le 29 du même mois, le ministre Peitet m'annonça cette nomination.

Dès-lors un nouveau monde s'ouvrit devant moi ; car m'étant hâté d'aller remercier les citoyens Carnot et Lacuée, j'en reçus l'invitation de les visiter souvent, et le dragon du Nord, de la Moselle et du Rhin, devenu sous-officier de la garde directoriale, qui plus tard fut la garde consulaire et plus tard encore le noyau de l'illustre garde impériale, se trouva en rapport avec tous les personnages célèbres de cette époque.

CHAPITRE IV.

Service dans la Garde; événemens divers.

Le 14 pluviôse an 6, je fus nommé maréchal-des-logis-chef des grenadiers à cheval de la garde directoriale. La manière dont cette nomination me fut annoncée en rehaussa encore le prix. J'étais un soir dans le salon du directeur Barras, et c'était, si je ne me trompe, le 24 pluviôse que le ministre de la guerre Scherer me remit l'arrêté en présence du directeur, qui dit au ministre : « Nous en ferons bientôt un » sous-lieutenant. »

Mon nouveau grade m'ouvrit de nouvelles relations, et me lança dans les sociétés les plus brillantes de cette époque. J'approchai des citoyens Barras, Rewbel, La Reveillère-le-Peau, Merlin de Douai ; j'y vis cette dame pleine de majesté et de grâces qui plus tard embellit le premier trône de l'univers, et dont je devais commander si souvent l'escorte à la Malmaison.

La célèbre Mme Recamier m'admit aussi chez elle, et je pus secouer ainsi les manières que mon service dans le nord pouvait m'avoir données, et reprendre dans le monde un ton et une position qui étaient plus en harmonie avec ma première éducation.

Enfin, et c'est le plus grand bonheur que je trouvai dans mes relations nouvelles, je pus, au moyen de protecteurs puissans, me livrer au plaisir que j'ai toujours goûté à rendre service à mes compatriotes et à ceux qui avaient servi avec moi. Deux d'entr'eux, l'un de Nérac et l'autre plus rapproché encore du lieu de ma naissance, étaient poursuivis avec rigueur et obligés de chercher un asile; ils le trouvèrent dans ma maison. Je fis plus, et ils durent à mes démarches la fin de leurs angoisses et des recherches auxquelles ils avaient été en butte.

Depuis, à mon retour de Zara et à ma rentrée dans mes foyers, j'ai rencontré souvent ces deux compatriotes, et j'ai connu à leurs manières qu'ils avaient perdu le souvenir de ce que je fis pour eux. Si ces lignes tombent sous leurs yeux, qu'ils ne pensent pas qu'elles ont été écrites dans l'intention de provoquer de leur part l'expression de la reconnaissance qu'ils me devaient. Il y a des prescriptions, à ce qu'il paraît, pour ces sortes d'obligations; et comme plus de trente ans se sont écoulés depuis le service rendu, je les tiens quittes et légalement libérés de leur gratitude.

Cependant il était visible pour moi que l'état militaire allait être ma seule profession ; j'y appliquai donc tous mes soins et toutes mes études, et me sentant des dispositions peu endurantes, je fréquentai les salles d'armes des académiciens Laboissière, Compoin, Massard, Lamothe et Chardon. Je ne tardai pas au reste à avoir besoin de leurs leçons.

Je demande grâce à mes lecteurs pour l'anecdote suivante, qui leur paraîtra un peu soldatesque. Afin de bien juger des hommes, il faut se rappeler leur âge, et surtout les mœurs de la profession à laquelle ils sont attachés. L'histoire d'un officier de cavalerie ne saurait ressembler à la confession d'un théatin.

En nivôse an 7, je fis la connaissance, à Paris, de la jeune et complaisante Emilie, qui demeurait dans la rue de Bussi, au coin de la rue de Thionville. Je l'avais souvent conduite au bal ; elle avait paru s'attacher à moi, et nous ne tardâmes pas à conclure un traité par lequel elle stipula la promesse de m'être fidèle, sans ajouter : *Comme on l'est à Paris.* Je ne me rappelle pas si l'on jouait déjà à cette époque l'opéra où cette aimable restriction aux sermens de nos belles a été revêtue de tous les charmes de la musique de Boyeldieu.

Trois mois s'écoulèrent sans querelle et sans reproches ; mais un soir, avant de me rendre au spectacle, je commis l'imprudence d'avertir Emilie que je n'irais la voir que le lendemain à son déjeûné. J'étais jeune, sans expérience, et ces paroles qui, chez un vieux jaloux, auraient pu lui paraître une épreuve ; elle ne les considéra que comme l'expression de ma franchise, sans se tromper sur mes sentimens. Elle eut pourtant tort de compter sur mon absence ; car, à mon retour du spectacle, comme je passais dans la rue de Bussi, il me fut impossible de résister au désir de la surprendre agréablement. Je montai lestement à la porte de son appartement, au second ; mais je frappai en vain à ma manière accoutumée, un coup, deux coups, dix coups ; personne ne vint. En proie à l'impatience et aux soupçons : « Emilie, m'écriai-je, si tu n'ouvres, j'enfonce » la porte, » et la porte était déjà brisée d'un coup de pied. L'appartement se trouvait sans lumière ; mais mon bon génie, qui m'avait réservé cet aimable spectacle, m'avait fait allumer ma lanterne, avant de monter, chez un épicier voisin. J'entrai donc, à la manière de Diogène, pour chercher un homme que tout justement je trou-

vai. C'était un de ces jeunes gens, de ces bret-
teurs dont les pavés de Paris sont couverts ;
plus haut que moi de deux pouces, il s'avance,
avec une contenance fière, au milieu de la
chambre, pendant qu'Emilie occupait encore
le corps de la place, en se roulant dans ses
rideaux. « C'est donc toi, dis-je à mon rival,
» qui m'as fait faire sentinelle chez moi ; » et
je lui appliquai vigoureusement sur la poitrine
un coup de la monture de mon épée. Il se
laissa battre sans riposter ; mais il me dit que
ce n'était pas ainsi que les choses devaient se
traiter. « Eh bien ! sors avec moi, m'écriai-je,
» allons chercher des seconds. » En même
temps j'enfermai Emilie dans sa chambre, dont
j'emportai la clé, et nous descendîmes dans la
rue. Cependant il était impossible de sortir de
Paris à cette heure pour vider notre querelle ;
et nous ne voulions pas la remettre. Nous nous
donnâmes donc rendez-vous sur le boulevard
de la Polonaise, en face de la guinguette,
entre deux réverbères. Notre arme fut l'épée ;
Laubri, c'était le nom de mon adversaire, y
excellait, et nous étions à peine en garde, qu'il
m'atteignit légèrement au bras droit ; mais, au
même instant, trompant son adresse, mon épée
s'enfonça dans sa poitrine, et je l'étendis à mes
pieds. Il fut porté par Legrand, mon second,

et par le sien, à l'hôpital du Gros-Caillou, où il mourut quelques instans après.

Quant à moi, j'étais rentré chez Emilie pour prendre congé d'elle, et je prie mes lecteurs de ne pas me demander des détails sur cette entrevue. Dans de semblables occasions, les grands seigneurs d'autrefois brisaient les meubles et déchargeaient leur colère sur ce qu'il y avait de plus beau dans l'appartement de leur maîtresse. Je fis le grand seigneur aussi, et comme Emilie était certainement le plus joli meuble de sa chambre, on peut du moins présumer qu'elle ne fut pas à l'abri...... de mes adieux. Un soin plus important me fit visiter M. Duplessis, mon colonel. Je lui racontai ce qui venait de m'arriver ; et j'en reçus l'ordre de ne pas sortir de l'hôtel de la garde avant vingt-quatre heures. Dans cet intervalle, il prit des renseignemens, et le lendemain de mon duel, vers les quatre heures du soir, m'ayant fait appeler chez lui, il me conseilla d'être plus calme à l'avenir, et m'annonça que mon combat n'aurait pas de suite.

Cependant peu de temps après, et le premier germinal an 7, je me trouvai engagé dans une affaire bien plus dangereuse. Les grenadiers à pied de la garde des deux conseils donnèrent un assaut, chez Burdin, marchand de vin, rue de la Huchette, faubourg Saint-Germain, dont la femme passait pour être une des plus belles de Paris. Plusieurs gardes à pied et à cheval du directoire y furent invités. J'ouvris l'assaut avec Treillard, maître d'armes des grenadiers à pied de la garde des deux conseils, et nous obtinmes les applaudissemens de tous les spectateurs qui étaient au nombre de plus de trois cents. Un seul n'y joignit point les siens : c'était le nommé Julien, adjudant sous-lieutenant de la garde du Directoire, militaire sans autre mérite qu'une taille superbe, dont il était fier, et un poignet vigoureux qui l'avait rendu redoutable, l'épée à la main. Il sortait du 6.ᵐᵉ régiment des cuirassiers, et à Strasbourg il avait été la terreur de tous les maîtres d'armes d'une garnison forte de dix mille hommes; à Paris, il se fesait redouter de même des académiciens les plus célèbres, dont il dénigrait le jeu. Il dénigra aussi le mien, pendant mon assaut avec Treillard, et se permit de censurer un de mes coups, en ajoutant des propos grossiers, notamment la menace *de me couper la figure*. Je crus devoir différer ma réponse jusques à la fin de l'assaut; mais alors, après avoir posé mon fleuret, je fis un signe au terrible adjudant qui me suivit hors de la salle. Nous passâmes avec nos seconds la barrière de Vaugirard, et nous croisâmes le fer dans une carrière sur la droite du chemin. Nous étions armés du sabre droit des grenadiers à cheval. Bergeret était mon second, et Liélard le sien. Plein de confiance dans sa haute stature, dans sa force et dans ses succès antérieurs, il marcha sur moi sans se couvrir; je saisis le coup de temps, et lui passant avec légéreté et vitesse un dégagement dans les armes, je l'atteignis sous l'aisselle du bras droit. Monsieur Dudonjon, officier de santé de la garde, le pansa le soir, et m'assura que si mon sabre se fût enfoncé une ligne de plus, Julien était mort. Il fut tué quelque temps après à Valenciennes par un officier du 6.me régiment de hussards.

Il serait difficile de peindre la joie que l'issue de ce combat fit éclater parmi mes camarades et les académiciens de Paris; je reçus leur visite; ils me donnèrent un diner au Cadran bleu, et mon premier maître d'armes, Guinoiseau, m'embrassa en pleurant.

Le soir, au Palais-Royal, les félicitations m'accueillirent de tous côtés. Dans la salle de Compoin, chacun voulut essayer avec moi le coup qui m'avait si bien réussi, et personne ne le para. Enfin le bruit en parvint à mes protecteurs, et MM. Lacuée, Lacépède, Portalis, Regnault de St.-Jean-d'Angeli, m'en parlèrent avec intérêt.

Cependant le dix-huit brumaire arriva. Tout

le monde connaît les détails de cette journée
célèbre, que l'on a comparée à ces éclats de
tonnerre qui lancent la foudre, mais qui dégagent
une atmosphère impure de ses vapeurs délétères.
Je ne crois donc pas devoir raconter ici ce que
tous mes lecteurs connaissent parfaitement. J'en
ai pourtant conservé un souvenir ineffaçable. Il
me semble voir encore le général Bonaparte, suivi
de ses aides-de-camp, descendre avec rapidité
les marches du château de St.-Cloud, se jeter sur
sa jument, qu'il avait surnommée la Belle, et
qu'il avait montée dans le cours de ses glorieuses
campagnes d'Italie, se porter au galop devant
le front des grenadiers à cheval de la garde du
Directoire, et nous demander, d'un ton animé,
s'il pouvait compter sur nous.

Jamais dans aucune circonstance de sa vie,
dans aucune position, devant aucun danger,
cette interpellation de sa part ne resta sans
réponse de la nôtre : Oui ! oui ! notre général,
s'écrièrent à la fois les chefs, les officiers et les
soldats ; et Bonaparte repartit au galop pour
remplir sa destinée.

A la suite de cette affaire, les gardes du
Directoire et des Conseils furent réunies et
devinrent la garde consulaire. J'y fus promu au
grade de sous-lieutenant, et c'est en cette
qualité dans les grenadiers à cheval que je fis la
courte et brillante campagne d'Italie.

Notre escadron de grenadiers et l'escadron des chasseurs, surnommés Casse-Cols, qui formaient à cette époque la seule cavalerie de la garde des Consuls, se mirent en marche un mois avant Bonaparte pour Dijon qui était le rendez-vous de cette armée de réserve destinée à reconquérir l'Italie. Nous escaladâmes le Saint-Gothard, en conduisant nos chevaux par la bride, et, sans nous arrêter à l'hospice, nous descendîmes dans la Lombardie. Le fort de Bard nous présentait un obstacle que des Français seuls pouvaient surmonter. L'infanterie nous traça le chemin ; l'artillerie du fort pouvait nous anéantir ; mais nous parvînmes à dérober notre marche à l'ennemi. Le sentier fut recouvert d'une épaisse couche de paille. Les fantassins passèrent en se baissant ; les cavaliers, à pied, suivis de leurs chevaux. Cependant quelques coups de canon partirent du fort et quelques obus furent lancés sur nous ; mais ils ne nous firent point de mal. C'est ainsi que nous traversâmes ce défilé dangereux, et que nous pûmes nous répandre dans la vallée d'Aoste et dans le Piémont.

Le 2 juin, nous entrâmes dans Milan avec le premier Consul ; il y resta jusqu'au 7, après quoi, nous fûmes dirigés sur Alexandrie, et nous prîmes part à la bataille de Marengo.

Qui n'a pas entendu raconter les détails de cette affaire ? Qui ne connaît pas les chances terribles de succès que l'ennemi eut dans cette journée ? J'ose dire que notre corps de grenadiers de la garde et l'escadron des Casse-Cols contribuèrent puissamment au gain de la bataille. L'armée française, après avoir été repoussée sur Saint-Julien, venait de reprendre l'offensive, au moyen de la charge opérée par les troupes de Desaix. Kellerman avait détruit les six mille grenadiers de Zach. Mais la cavalerie autrichienne s'était portée sur le centre, et sa contenance arrêtait nos colonnes, lorsque Bessières nous mena sur elle ; nous perçâmes sa ligne et nous en décidâmes la déroute.

Je suis fâché de ne pas trouver dans les différentes relations de la bataille de Marengo le nom du chef qui commandait les grenadiers à pied de la garde que Bonaparte, dans son bulletin, compare à une redoute de granit. Ce bataillon qui, pendant notre retraite, fut entouré au milieu de la plaine de Saint-Julien par toute l'armée autrichienne, et qui repoussa tout, cavalerie, infanterie, artillerie, était commandé par le chef de bataillon Soulés qui fut fait colonel après la bataille. C'est aujourd'hui le comte Soulés, lieutenant-général et pair de France.

La paix rappela le premier Consul à Paris. Sa

garde ne l'y suivit qu'un mois après. Notre marche à travers la France ne fut qu'une fête continuelle. Enfin nous arrivâmes dans la capitale vers la fin d'août 1800, et j'y repris mes habitudes et mes relations. On ne sera peut-être pas fâché d'en voir ici quelques détails.

Le premier Consul se plaisait de temps en temps à parcourir les rues de Paris, monté sur son petit cheval gris, nommé le Désiré.

J'ai souvent commandé l'escorte des grenadiers à cheval qui le suivaient dans ses courses, et il me serait difficile de donner ici une idée des cris d'enthousiasme qu'excitait son passage rapide dans les différens quartiers de la capitale. L'histoire les a recueillis, mais en les refroidissant, et ses pages impassibles sont loin des souvenirs que j'en ai conservés. A la sortie du conseil d'état, il montait souvent en voiture, et mettait pied à terre dans les différens jardins de Paris, à l'Elisée Bourbon, au Jardin des plantes, au palais Biron. L'officier de garde ne le quittait point. Un jour, il m'en souvient !.. A ce dernier palais, il me dit de faire fermer les portes, et après être descendu de voiture, et avoir ordonné que le piquet d'escorte mit pied à terre, il se dirigea vers la grande allée du jardin, où je le suivis. Au bout de quelque temps, et dans le cours de sa promenade, il me fit placer à son côté, et pendant une heure il me fallut répondre à ses questions nombreuses et pressantes sur les différens quartiers de Paris, sur leur esprit, sur leurs particularités. Il me demanda aussi les noms des différens généraux sous lesquels j'avais servi à l'armée du Nord, et ne bornant pas là sa curiosité, il voulut avoir des détails sur leur personne, sur leur caractère, etc.

Je répondais de suite à toutes ses questions, car je savais qu'il n'aimait pas les hésitations, et qu'il valait mieux quelquefois lui faire une réponse peu juste, que de ne lui en faire aucune. C'est ce qui me décida à lui dire sur l'indication qu'il me fit d'une belle maison voisine du palais, que c'était celle qu'un particulier venait de gagner à la loterie, comme les journaux l'avaient annoncé; et certes j'aurais été bien embarrassé, s'il eût exigé des preuves.

Avant de me donner l'ordre pour le départ, il me demanda si j'avais quelque chose à désirer pour moi ou pour ma famille. « Mon père, lui dis-je, n'est pas dans le besoin, et je ne désire que la continuation de vos bontés. »

Une autre fois, et dans le courant du mois d'août 1802, il se fit porter à la bibliothèque nationale, pour y visiter les médailles et les antiquités qui s'y trouvaient déposées. J'étais de service et je l'y accompagnai.

On remarquait dans l'une des salles, de vieilles armures appendues au mur et surmontées du nom du guerrier à qui elles avaient appartenu. Le héros s'arrêta en face de celles de Charlemagne. Son casque de fer, orné d'un dragon à la gueule béante et au dard menaçant, son épée d'une longueur démesurée et dont la poignée massive étonnait nos regards, toute cette armure enfin attira l'attention de Bonaparte. Elle était placée hors de sa portée, et je reçus l'ordre de la détacher. Le Consul balança long-temps dans ses mains l'antique et lourde Joyeuse, et me fit essayer le casque de l'empereur. J'ai toujours cru qu'il avait eu la pensée dans ce moment de rétablir dans l'uniforme de quelques-uns de ses régimens ces armes antiques. Au reste, s'il trouva la force physique de ses soldats au-dessous de la pesanteur de cette épée et de ce casque, leur courage du moins ne lui faillit point, lorsqu'il voulut rétablir l'empire de Charlemagne.

Chez le premier Consul, la table des officiers de service, l'officier supérieur en tête, nous recevait au palais des Tuileries vers les cinq heures du soir. Chez le Consul Cambacérès, c'était mieux encore. Déjà à cette époque, sa table, où il admettait chaque jour quinze ou vingt personnes avec l'officier de cavalerie et celui d'infanterie qui commandait le piquet de la garde, commençait parmi les gastronomes cette réputation que je puis dire colossale. Le plus célèbre de ces derniers, M. Dégrefeuille, y présidait. Il me semble voir encore ses gros yeux qui se jetaient en éclaireurs au-devant de son odorat, et ses joues où se fondaient les couleurs de la santé et celles que Bacchus affectionne, et ses ailes de pigeon *frisant* l'ancien régime, et surtout ce ventre superbe que la nature avait largement dessiné pour la table de Cambacérès.

Le second Consul ne se mettait jamais à table sans avoir demandé si les officiers de service étaient présens.

Un jour on oublia d'appeler l'officier d'infanterie. Après le dîner, Cambacérès trouva qu'il lui avait manqué quelqu'un, sans pouvoir se dire précisément lequel c'était. Dans la nuit, il fit dans sa mémoire l'énumération de ses convives, et il s'aperçut enfin que l'officier d'infanterie avait été oublié. Aussitôt, (il était deux heures du matin ; car il se couchait toujours à minuit), il agita vivement sa sonnette, et son valet de chambre étant accouru, il lui fit une scène terrible pour l'omission qu'il avait commise. Le matin, à neuf heures, étant de service, je me présentai chez lui suivant l'usage, pour recevoir ses ordres, et il se hâta de me raconter ce qui l'avait inquiété pendant la nuit, en m'exprimant ses craintes que cet officier ne crût que la faute commise la veille avait eu lieu à dessein. Enfin il le manda auprès de lui et l'invita pour ce jour même à dîner. C'était le lieutenant des grenadiers à pied, Hervet, du département du Lot.

Le troisième Consul était moins magnifique ; quand nous étions de garde chez lui, nous avions la précaution de commander notre déjeûner et notre dîner à notre hôtel. C'était même un sujet de plaisanterie entre nous, et le service auprès de ce troisième magistrat de la République, était considéré comme un jour de diète et de péni-tence.

Puisque nous en sommes encore aux dîners des Consuls, je dois dire ce qui se passait à cet égard, lorsque Bonaparte était à la Malmaison : le Consul Cambacérès s'y rendait tous les jours, sous l'escorte d'un piquet de grenadiers à cheval, dont l'officier, au lieu de se tenir à la portière, montait avec lui dans la voiture. Arrivés à la Malmaison, je me plaçais dans la salle des gardes, jusqu'à l'heure du dîner. J'y étais admis, et j'ai pu me convaincre souvent de la tempérance de Bonaparte, qui restait un quart d'heure à table, ce qui ne laissait pas de gêner beaucoup ses convives, car au bout de ce quart-d'heure, son regard jeté à droite et à gauche, pendant qu'il chiffonnait sa serviette sur ses genoux, sous la table, etait un signal auquel il fallait obéir. Il se levait aussitôt en poussant sa chaise avec viva-cité, et se dirigeait sur la pelouse attenante au palais. Deux minutes après, il avait disparu dans son cabinet de travail, non sans avoir adressé à Joséphine de ces mots ou de ces gestes qui an-nonçaient entr'eux la plus tendre intimité.

On me pardonnera, je pense, ces détails, aujourd'hui que les dîners ont acquis une importance politique telle, que la grave histoire sera obligée de leur consacrer plus d'un chapitre et plus d'une réflexion.

La table du Consul Cambacérès n'était pas le seul charme de son palais ; son salon où j'étais admis, recevait deux fois par semaine les femmes les plus jolies et les plus élégantes de Paris. Combien de fois depuis, au fond de la Dalmatie, j'ai regreté ces soirées si promptement écoulées, où la beauté, l'esprit et les grâces produisaient un véritable enchantement !...

Un coup de tonnerre vint troubler la sérénité de cette vie tranquille et heureuse. Les soins du service, et les plaisirs que je trouvais au palais de Cambacérès, ne m'avaient point empêché de faire dans la ville des connaissances agréables. J'ai cru ne pas devoir entretenir mes lecteurs d'une belle Éléonore qui avait pour la poësie d'excellentes dispositions qu'elle consacrait à me chanter, et avec laquelle je parlais de poësie, comme j'avais parlé d'histoire avec la femme du général D. ... Si j'avais pu trouver une troisième beauté de ce genre, il est certain que mon éducation aurait été parfaite. Ce n'était ni l'histoire, ni la poësie qui m'attiraient dans une maison au coin de la rue Nicaise, et donnant dans les rues de Rohan et de Chartres, où demeurait une femme charmante, et dont je n'ai oublié ni la beauté ni la fin tragique. Un jour, après mon dîné au Palais-Royal, avec un lieutenant de la garde à cheval, nommé Glachant, je passai chez elle, et j'y restai une heure environ. Je me rappelle parfaitement qu'avant d'entrer dans sa maison, je remarquai en face de la porte, du côté opposé à la rue, une charrette semblable à celles des porteurs d'eau, et qui embarrassait le passage. Nous causions tranquillement, lorsque j'entendis au loin la voiture du premier Consul. Je sortis aussitôt, et m'arrêtant contre le bureau de loterie, établi en face du château, pendant que Bonaparte traversait au galop le Carrousel, je saluai mon général, et descendis vers la place. Je venais de remettre mon chapeau, et je faisais quelques pas, lorsque je me sentis enlevé à deux pieds de terre au milieu d'une détonation épouvantable;

C'était la machine infernale dont l'explosion fut aussitôt suivie du bruit des maisons qui s'écroulaient et des cris lamentables des familles que cet infame crime de l'esprit de parti plongeait dans la misère et le deuil. Quant à moi, je songeai à mes devoirs. Je courus au plus vîte à l'hôtel de de la garde, quai d'Orsay. Je fis sonner à cheval, et à la tête de vingt-cinq grenadiers, je me portai au galop vers le Grand-Opéra, où devait être le premier Consul, en suivant le même chemin que la voiture. Mais je retrouvai la rue Niçaise encombrée de ruines, et il nous fallut rétrograder, et prendre la rue de l'Echelle qui me conduisit en une minute, en suivant celle de Richelieu, à la porte dérobée par où le premier Consul montait à l'Opéra.

M'étant présenté à l'entrée de la colonne à jour où Bonaparte se plaçait d'ordinaire, et où il se trouvait dans ce moment, tandis que le général Lannes occupait la loge d'apparat qui était à côté, je fis mon rapport à Bonaparte, et je lui demandai ses ordres. — « C'est bien, me dit-il, rentrez avec votre détachement; je vais envoyer le général Lannes. »

A notre rentrée à l'hôtel, nous trouvâmes tous les détachemens à cheval, et la garde reçut l'ordre de se porter aux Tuileries. En même temps tous les gens de la police étaient en mouvement dans Paris, tandis qu'au château les Ministres demeurèrent en permanence pendant toute la nuit.

Je ne fus libre que le lendemain, et je courus à la rue Nicaise. Mais quel tableau affligeant j'y trouvai, et quelle nouvelle affreuse! La maison où j'avais passé quelques momens dans la soirée était en partie détruite. La dame dont j'ai eu occasion de parler, et qui était avancée dans sa grossesse, avait péri; les autres étaient plus ou moins blessés, et il y a tout lieu de croire que j'aurais péri comme eux, si mon désir de voir passer le premier Consul ne m'avait fait sortir de la maison quelques minutes avant l'explosion.

Le dimanche qui suivit ce fatal événement, Bonaparte passa en revue les troupes qui étaient dans Paris. Toutes les fenêtres des palais et des maisons voisines étaient garnies de curieux; on en voyait les toits surchargés; et au moment où le premier Consul parut au bas de l'escalier pour monter à cheval, une partie de la toiture de l'Hôtel de la Ferme s'écroula sous le poids de tant de monde, et au milieu des cris d'enthousiasme qui ne furent point ralentis par cet accident; il n'eut, au reste, aucune suite funeste; car Joséphine ayant envoyé aussitôt un officier pour s'informer de cet événement, on répondit que personne n'avait été blessé.

Bonaparte passa la revue au galop, au milieu des cris de vive Bonaparte! et des sons éclatans de toutes les musiques militaires.

Après la parade, il témoigna sa satisfaction aux généraux et chefs de corps assemblés en cercle autour de lui. Les officiers de la garde lui furent ensuite présentés dans la salle de réception, et il daigna m'adresser quelques mots sur mon zèle à venir prendre ses ordres au Grand-Opéra.

Quelque temps après, la 9.ᵉ brigade d'infanterie légère entra dans Paris, et y fit quelque séjour. Il y eut un assaut d'armes brillant; j'y poussai quelques bottes avec un capitaine de grenadiers. Le soir, comme je me disposais à rentrer chez moi et que je prenais congé de mes camarades, un lieutenant de la 9.ᵉ nous demanda (j'étais avec MM. Compoin et Chardon) de nous accompagner jusqu'au Palais-Royal. Nous le reçûmes dans ma voiture, et quand il nous quitta, il me dit, pour me remercier sans doute de ma complaisance, que mon jeu n'avait pas l'honneur de lui convenir. Je lui fis mes complimens sur sa politesse, et j'ajoutai qu'en effet quelques-unes de mes bottes pourraient lui déplaire sur le terrain. Notre ton devint plus animé, et nous décidâmes de vider la querelle sur-le-champ. L'académicien Compoin m'accompagna ; nous sortîmes de Paris par la barrière de Vaugirard. Mon adversaire ne tarda pas à arriver avec son second, et nous mîmes l'épée à la main derrière une haie qui nous dérobait à la vue des passans. A peine nos fers se furent joints, que, par un dégagement sur les armes, je lui traversai l'avant-bras, et l'apostrophant à la manière des héros d'Homère : « Maintenant, lui dis-je, je vous pardonnerai de dire que mon jeu ne vous convient pas. » Il devint furieux et voulut recommencer le combat ; mais son bras ne le lui permit point, et nous nous quittâmes, lui, en demandant sa revanche pour un autre jour, et moi en lui laissant mon adresse. Je l'ai revu depuis, mais il ne m'a jamais proposé d'y revenir.

Ce duel prouve entre vingt autres l'espèce d'inimitié qui commençait à régner entre la ligne et la garde. Sur le champ de bataille, ce fut une louable émulation qui produisit des prodiges ; hors de là, ce n'était qu'une rivalité funeste qui fit verser, sans utilité pour la patrie, le sang le plus généreux.

J'arrive à la circonstance la plus pénible de mes mémoires, et au duel où je portai le plus de fureur contre un de mes camarades, que j'avais comblé de bontés, et dont la déloyauté brisa des liens qui auraient dû faire le charme de ma vie.

Pendant mon service dans la garde consulaire, je contractai des liaisons avec une jeune personne, que je dois me borner ici à désigner par le nom d'Eugénie : sa beauté, sa jeunesse et ses talens me séduisirent, et je résolus de lui consacrer toute mon existence. Elle habitait un hôtel avec sa mère, rue Bourgogne, faubourg Saint-Germain.

Pendant long-temps, en effet, je fus heureux, et jusques en l'an dix, aucun nuage n'avait troublé l'amour qui paraissait nous unir.

Je n'étais point jaloux ; mais l'amant le moins enclin à ce genre de fureur, ne voit pas sans inquiétude ces jeunes intrigans dont Paris abonde, et dont les loisirs sont consacrés à la séduction.

Un jour j'entrai chez Eugénie au moment où je venais d'en voir sortir M. J...., souslieutenant dans les chasseurs à cheval de la garde, que j'avais cru digne de mon amitié, mais que je commençais à soupçonner de trahison. Eugénie pâlit à mon aspect, et comme elle paraissait tomber en défaillance, je la pris dans mes bras, en cherchant à dénouer les cordons de son corset. Sa résistance, ses mains qu'elle croisa avec force sur son sein, augmentèrent mes soupçons. Aussitôt je redoublai mes tentatives, et un billet affreux que j'y trouvai me donna les plus cruelles révélations. J'y lus l'infidélité d'Eugénie écrite et signée de la main de son séducteur. Un froid glacial circula dans mes veines ; mais il fut aussitôt remplacé par tous les feux de la jalousie. Je ne sais ce qui se passa en moi. Ma main s'appuya un moment sur la garde de mon épée et la tira à moitié du fourreau. Cependant Eugénie était déjà à mes genoux, et ses larmes me désarmèrent. J'eus la force de la relever, et de la placer sur une bergère ; après quoi, ne pouvant plus soutenir sa vue, je la quittai pour courir chez M. J.... qui ne put dénier son écriture, et qui en me faisant mille protestations et mille sermens, parvint à retarder ma vengeance. Je crus à sa parole d'honneur de ne plus reparaître chez celle dont il avait consommé la séduction ; et cependant peu de jours après, un second billet m'apprit son parjure. Cette fois je fus inexorable ; vainement il chercha à éluder le combat. Mon second, M. Glachant, lieutenant des grenadiers à cheval de la garde, fut le premier à déclarer que cette affaire n'était susceptible d'aucun accommodement. Nous montâmes à cheval et nous descendîmes au bois de Boulogne. Mon ennemi était accompagné de M. Desmichel, son camarade dans les chasseurs de la garde.

M. J.... ne se montra pas aussi hardi devant

moi qu'il s'était montré tenace dans son système
de séduction , et il rompit si souvent la mesure
que je le menacai de l'acculer au pied d'un
arbre. La honte l'arrêta enfin , et il me porta
en même temps un coup de sabre que je parai
en ripostant avec vivacité. Je l'atteignis au bas
ventre , et si ma main n'avait pas été abattue
par la parade , je l'aurais tué.

Cette affaire fit grand bruit ; Eugène de
Bauharnais qui s'intéressait à mon adversaire ,
en témoigna la plus grande affliction. Mais mon
colonel, Ordenner , ne put s'empêcher de
reconnaître la justice de ma cause et de mon
ressentiment. Il se borna à m'ordonner les arrêts
pendant vingt-quatre heures.

CHAPITRE V.

Service en Piémont.

Le 27 frimaire an 11, je fus promu au grade
de capitaine de cavalerie, et je reçus l'ordre
d'aller joindre en Italie la vingt-septième légion
de gendarmerie chargée de l'inspection et de la
surveillance du Piémont, que désolaient à cette
époque des bandes nombreuses et redoutables.

Cette destination n'était pas celle que j'avais
désirée. La veille de mon départ j'avais été admis
à l'audience du premier Consul, et il avait eu la
bonté de me laisser le choix de ma résidence. Je
demandai celle d'Agen, en le suppliant toutefois
de me rappeler auprès de lui, s'il fallait de
nouveau combattre. Il daigna me le promettre,
et se tournant vers le général Berthier, il lui dit :
« Vous placerez R. à Agen. » Après l'audience,
je suivis Berthier au bureau du ministère ; il me
fit entrer dans son cabinet, et ayant appelé son
secrétaire, il lui demanda si la place d'Agen
était vacante. Elle ne l'était point ; le capitaine

Lecrosnier l'occupait alors, et le ministre me dit : « Vous ne voudriez point déplacer un » ancien officier ; votre place sera plus utile en » Piémont, dont la situation exige un officier » ferme et dévoué. »

Je craignis de déplaire à un homme dont les bontés ou l'inimitié auraient pu dans la suite influer beaucoup sur ma destinée : je partis le lendemain pour Turin, où je reçus l'ordre de prendre le commandement de la gendarmerie du département de la Sésia, dont Verceil était le chef lieu.

Je crois devoir épargner à mes lecteurs les détails de mon service, ou plutôt de mon administration dans le Piémont. Je ne sais quel préjugé s'est élevé contre l'arme où je servais alors. Je ne veux faire ici aucun parallèle ni aucun rapprochement injurieux. Il est possible que quelques excès, quelques erreurs d'un zèle qui, dans son exaltation, n'apprécie pas exactement les limites où le devoir cesse et où commence l'arbitraire, aient, pour le service dans l'intérieur de la France, élevé une barrière d'airain entre les gendarmes et les citoyens. La faute n'en doit être imputée qu'aux chefs qui ont abusé d'une arme d'une excellente trempe, mais dont les principes doivent consister dans ces deux mots : dévoûment, obéissance. A l'extérieur du moins, ce service acquérait de la noblesse, puisqu'il consistait à maintenir la paix dans des pays désolés par l'anarchie, qui suit ou précède toutes les révolutions, comme la fièvre paraît inhérente à toutes les commotions que peut éprouver le corps humain. Partout où il devient nécessaire de verser son sang, et de hasarder sa vie pour la cause ou le bonheur des peuples, on peut dire qu'il y a honneur à acquérir ; mais je n'ai point appris à faire la guerre aux préjugés, et je le répète, pour ne pas heurter celui qui rend sans intérêt les détails sur la gendarmerie, je me bornerai, relativement aux troubles du Piémont que j'étais chargé de réprimer, à noter ici quelques particularités qui me sont personnelles.

Dans les derniers jours de prairial, an 11, le cardinal Fech, ambassadeur de France auprès du Saint-Siége, traversa le département de la Sésia que je commandais, pour se rendre à Rome. Il s'arrêta à l'hôtel de la Poste, à Verceil, et y prit quelque repos. Pendant son séjour, il me fit demander une escorte pour le conduire jusques aux frontières de la Lombradie, et comme j'avais reçu à cet égard des ordres positifs du général Moncey, je me rendis à l'hôtel du cardinal avec un détachement de gendarmerie, et je ne quittai son Excellence que sur les frontières de la Sésia. Mais il s'était à peine écoulé quelques minutes depuis notre séparation, que nous entendîmes une vive fusillade, vers le point où la voiture du cardinal s'était dirigée. Des bandits l'avaient en effet assaillie, et le cardinal courait le plus grand danger, lorsque j'arrivai au galop à la tête des gendarmes. Nous tombâmes sur ces brigands, le sabre à la main, et nous les dispersâmes dans les rizières, où il nous fut impossible de les suivre à travers les marécages que forme et nécessite la culture du riz. Ainsi, le cardinal dégagé par nous put continuer sa marche sur Milan.

J'en fis mon rapport à mes supérieurs, et, quelque temps après, je reçus du général Murat la lettre suivante :

RÉPUBLIQUE FRANÇAISE.

Troupes stationnées dans la République Italienne.

Quartier-général de Milan, le 4 messidor an 11.

LE CHEF DE L'ÉTAT-MAJOR-GÉNÉRAL,

Au Capitaine R....., commandant la gendarmerie du département de la Sésia.

« Le général en chef a reçu, citoyen Capi-
» taine, votre lettre du 1.er de ce mois, avec
» les pièces qui y étaient jointes.
» Il me charge de vous témoigner sa satisfac-

» tion la plus complète sur la conduite hono-
» rable que vous avez tenue pour faire respecter
» la personne de notre ambassadeur à Rome,
» ainsi que son escorte et sa suite.

» La violence criminelle des douaniers de
» Verceil envers un personnage éminent, et
» dont le caractère d'ailleurs est sacré, mérite
» la punition la plus exemplaire, tandis que
» vous et vos officiers, au contraire, êtes di-
» gnes des éloges les plus flatteurs et les moins
» équivoques.

» J'ai l'honneur de vous saluer.

» *Signé*, CHARPENTIER. »

Après avoir commandé pendant un an le département de la Sésia, je fus appelé au même
grade dans le département du Pô, où je trouvai
les mêmes obstacles à vaincre et les mêmes
brigandages à réprimer.

Mes fonctions ne tardèrent pas à se compli-
quer; car S. M. l'Empereur rendit, à mon
égard, le 23 janvier 1806, le décret suivant :

Extrait des Minutes de la Secrétairerie d'état.

A Strasbourg, le 23 janvier 1806.

« NAPOLÉON, Empereur des Français, Roi
» d'Italie, sur le rapport de notre Grand-Juge

» Ministre de la justice , avons nommé et nom-
» mons , pour remplir les fonctions de juge en
» la cour de justice criminelle et spéciale du
» département du Pô , monsieur R....., colonel
» de gendarmerie. Notre Grand-Juge Ministre
» de la justice est chargé de l'exécution du pré-
» sent décret. *Signé* , NAPOLÉON. Par l'Em-
» pereur : *le Secrétaire-d'Etat*, signé, Hugues
» B. MARET. Pour extrait conforme : *le Grand-*
» *Juge Ministre de la justice* , signé , REGNIER. »

On ne peut se faire une idée du malheureux
état où je trouvai le département du Pô. Les
contrebandiers , les brigands , et cette écume
des peuples que les commotions politiques agi-
tent et rejettent de leur sein , infestaient tous
les départemens. Je leur fis une chasse acharnée.
Dans moins de six mois , les prisons de Turin
furent remplies de scélérats qui regorgeaient de
sang ; et qu'on ne pense pas que ces soins fus-
sent exempts de combats et de dangers : je vais
en citer deux exemples entre mille.

Il existait dans les environs de Turin un
homme souillé de crimes , et le plus redouté de
tous les bandits qui désolaient le Piémont. L'ancienne police avait reculé devant lui ; et depuis
vingt ans qu'il ravageait cette belle contrée , il
semblait y avoir acquis , par la terreur de son
nom , le privilége de l'impunité. Il se nommait

Perreno , et ses crimes lui avaient fait donner le titre de *brigand de Cavoretto*. J'appris dans la nuit du 29 au 30 juin 1808 , qu'il s'était réfugié dans un misérable cabaret de la commune de Vinovo , où il se tenait armé jusqu'aux dents. Je montai à cheval aussitôt , et , suivi de huit cavaliers , je me portai sans retard sur les lieux. Après avoir fait cerner par mes gendarmes le repaire de cet homme féroce , je m'avançai , à trois heures du matin , vers la porte que je brisai, et où j'entrai l'épée à la main.

Perreno vint à moi ; je laissai alors tomber mon arme et nous nous prîmes corps à corps. Pendant que nous nous débattions , le brigand , reculant sans doute à dessein , m'attira sur une trappe qui céda sous notre poids , et nous tombâmes dans une cave , de manière cependant que Perreno se trouva sous moi , malgré sa force et son adresse. J'avais dans la poche de mon habit un pistolet que j'armai aussitôt pour lui brûler la cervelle ; mais , soit agitation , soit mauvaise direction de mon bras , la balle lui passa à côté de l'oreille droite sans le toucher. Au bruit de cette explosion , mes gendarmes accoururent et s'emparèrent de Perreno qui fut conduit dans les prisons de Turin. Sans le parti que j'avais pris de l'attaquer brusquement et à l'improviste , je pouvais périr dans cette occasion. Ce brigand avait une grande habitude de ses armes qui étaient déposées sous la couverture d'un lit. Grâces à ma promptitude, il n'eut pas le temps de s'en saisir. Il ne tarda pas, au reste, à subir le châtiment de ses crimes ; car il fut condamné à mort par arrêt de la cour criminelle de Turin, dont je faisais partie ; mais je crus, à cause de ma lutte avec lui, devoir présenter ma récusation.

Cette expédition me valut les félicitations du gouverneur-général, de ses aides-de-camp, et surtout de M. le général Curto, officier aussi distingué par ses vertus militaires que par les ouvrages qu'il a publiés pour l'instruction de la cavalerie. M. le préfet Vincent, avec lequel j'avais des rapports fréquens et directs, m'écrivit, à cette occasion, la lettre suivante :

PRÉFECTURE DU DÉPARTEMENT DU PÔ.

Turin, le 30 juin 1808.

Le Préfet, membre de la Légion-d'Honneur, à M. R....., Capitaine commandant la gendarmerie du Pô.

« J'ai reçu, Monsieur, avec bien de la sa-
» tisfaction, la nouvelle que vous m'avez don-

» née ce matin de la capture du brigand Per-
» reno , connu sous le nom de *brigand de Ca-*
» *voretto.* Cette capture fait beaucoup d'hon-
» neur à la gendarmerie et à vous en parti-
» culier qui avez dirigé cette expédition.

» Je rends compte aux Ministres de Sa Ma-
» jesté de cette importante arrestation , et je leur
» ferai connaître le nouveau service que vous
» venez de rendre. Veuillez bien faire connaître
» ma satisfaction aux sous-officiers et gendarmes
» qui ont coopéré à mettre ce brigand entre
» les mains de la justice.

» Je vais demander au Ministre de la police-
» générale de leur faire donner une gratifica-
» tion ; mais , avant la réponse du Ministre ,
» je vous annonce qu'une somme de cent francs
» est à votre disposition , pour être distribuée
» à ces braves gens. Si cette dépense n'était
» pas autorisée , il me serait encore agréable de
» leur avoir donné moi-même une preuve de
» l'intérêt qu'excite une si bonne conduite.

» Agréez, Monsieur , l'assurance de ma par-
» faite considération.

» *Signé ,* E. VINCENT. »

Une seconde lettre me fut écrite par mon
Inspecteur-général , dont voici la teneur :

Paris, le 9 juillet 1808.

*Le premier Inspecteur-Général de la Gendar-
merie, à Monsieur R....., commandant la
Gendarmerie du Pô.*

« Monsieur le Capitaine, je vous félicite bien
» sincèrement du dernier de vos succès qui a
» purgé le territoire confié à votre surveillance
» du scélérat Perreno dit Cavoretto. En rendant
» compte à l'Empereur de cette capture qui vous
» est personnellement due, je me suis plu à
» faire valoir auprès de S. M. les services im-
» portans que vous lui avez rendus, tant pour
» la destruction du brigandage, que pour forcer
» les conscrits et les déserteurs à la soumission.
» Je vous salue avec une parfaite cordialité.

» Pour le premier Inspecteur-général,

» *Le Général de Brigade, Chef d'Etat-Major,*

» Signé, BUQUET.

Quelque temps après, une expédition plus
dangereuse encore réclama tous mes soins. Il
s'était organisé dans le département de la Sture,
dont la surveillance ne m'avait pas été confiée,
une bande de chauffeurs qui le désolaient.

Dans la nuit du 8 au 9 janvier 1811 ; ils se
portèrent dans le département du Pô, où je com-

mandais, et s'introduisirent vers minuit dans la maison du nommé Raymond, riche propriétaire de l'arrondissement de Pignerolles. Ces brigands s'emparèrent de sa personne, et le placèrent sur la flamme de son foyer jusqu'à ce que ce supplice affreux l'eût forcé à leur avouer le lieu où il avait déposé une somme de dix mille francs, qui lui fut aussitôt enlevée.

Le 9 au matin, le brigadier de la gendarmerie de Briquerasio se rendit auprès de moi, et me fit le rapport de ce crime. J'en écrivis sur-le-champ à M. le Procureur-Général et à Son Exc. le maréchal duc de Conégliano, en les prévenant que je quittais au moment même ma résidence, pour me mettre à la poursuite des coupables.

En effet, et d'après mes ordres, trois brigades de gendarmerie furent réunies à Cavour, où je séjournai momentanément, pour y recevoir tous les renseignemens que je demandais de toutes parts à prix d'or, et pour y prendre une détermination ultérieure.

Depuis le 9 jusqu'au 14, tous mes soins furent inutiles, et je commençais à désespérer de mon entreprise, lorsque je sus enfin, dans la soirée du 14 au 15 janvier, que ces brigands s'étaient réfugiés dans le voisinage du bourg de Barges, département de la Sture. Je me

dirigeai aussitôt sur ce point. Ces lieux sont ex-
cessivement montueux, et les chauffeurs avaient
choisi leur repaire dans une gorge profonde,
sous des rochers dont l'avancement et les saillies
formaient une caverne d'une étendue assez considérable. Le frère d'un de ces brigands qui
ne l'avaient point voulu admettre au partage
du dernier vol, nous servit lui-même de guide.
Tels sont les vils instrumens dont il est quelquefois nécessaire de se servir pour le maintien
de la tranquillité publique. Nous arrivâmes vers
une heure de la nuit à l'entrée même de cette
caverne, après avoir laissé nos chevaux derrière
nous. Une seule lampe éclairait ce repaire du
crime ; les chauffeurs, rangés et accroupis à
l'entour, s'occupaient en ce moment à compter
l'argent, fruit de leurs rapines. Nous avions
chacun notre carabine, et les ayant couchés en
joue, je leur criai de ne pas bouger, sans quoi
ils étaient morts. Ils furent tous enchaînés ; ils
étaient huit ; et nous trouvâmes dans la même
caverne huit espingoles, quatre fusils, cinq
pistolets, huit stilets, cent soixante balles,
quatre livres de poudre et douze cents francs
environ. Ces différentes pièces de conviction
furent remises au parquet de la Cour-Criminelle
de Turin, et les chauffeurs subirent la peine de
mort dans le même mois.

Cette expédition, et quelques circonstances dont je crois inutile d'entretenir le lecteur, donnèrent lieu à la lettre suivante de M. le maréchal Moncey :

Paris, le 31 janvier 1811.

« J'ai reçu, monsieur le Capitaine, votre
» lettre du 15 janvier, et vos différens rapports
» sur les arrestations que vous avez opérées
» dans le département de la Sture. Cette ex-
» pédition fait honneur à votre zèle et à l'ac-
» tivité du détachement que vous avez employé.
» J'ai fait connaître à S. Exc. le Ministre de
» la police le peu de dispositions que vous avez
» trouvées dans M. le Directeur-général de la
» police à vous seconder, et je demande en
» même temps le remboursement des cinq cent
» quarante-cinq francs de frais que vous m'an-
» noncez avoir été dans le cas de faire. Je
» sollicite aussi l'intérêt de S. Exc. le Grand-
» Juge en faveur de M. le Juge-de-paix de
» Cavour, qui, d'après ce que vous m'écrivez,
» s'est conduit dans cette circonstance avec
» distinction. Quant à votre discussion avec
» M. le Procureur-général-impérial, je ne crois
» pas devoir en entretenir les Ministres, puisque
» vous me dites que cette affaire est terminée.

» Pour obtenir un résultat complet, quatre
» brigands, faisant partie de la même bande,
» resteraient encore à saisir; j'ose espérer que,
» d'après les indications existantes, ils seront
» bientôt arrêtés, ne doutant point qu'avant
» votre retour à Turin, vous ne vous soyez
» empressé de communiquer aux Officiers de
» gendarmerie de la Sture tous les renseigne-
» mens nécessaires.

» Je vous salue avec considération.

» *Le premier Inspecteur-général*,

» Le Maréchal Duc DE CONÉGLIANO. »

Pour ne pas interrompre les détails de mon
service en Piémont, j'ai cru devoir renvoyer
ici le récit d'un voyage à Paris, et voici à quelle
occasion.

J'avais sollicité du gouvernement un commandement dans l'intérieur de la France, et
autant que possible dans le voisinage du lieu
où j'étais né. Je fus nommé à la résidence de
Montauban lors de la formation du département
de Tarn-et-Garonne, et croyant quitter pour
jamais l'Italie, j'arrivai à Paris en mars 1809.
Mon premier soin fut de rendre visite à notre

Inspecteur-général, l'excellent maréchal Moncey. Il partait pour sa maison de campagne, près de Luzarche, et il m'emmena avec lui. Là, il me donna connaissance de la lettre suivante du maréchal duc de Feltre, ministre de la guerre :

Paris, le 24 mars 1809.

« Monsieur le Maréchal, S. A. le Prince
» gouverneur des départemens au-delà des Al-
» pes, demande que M. R....., capitaine de
» gendarmerie à Turin, auquel, sur la pro-
» position de Votre Excellence, j'ai ordonné
» de passer à Montauban, soit maintenu dans
» le commandement de la compagnie du Pô.
» Son Exc. considère le déplacement de cet
» officier comme une mesure extrêmement pré-
» judiciable au service de Sa Majesté dans cette
» partie de ses Etats ; elle m'assure en outre
» que M. R..... lui a exprimé le désir de rester
» à Turin.

» V. Exc. ne m'ayant proposé le changement
» du capitaine R..... que par suite de la de-
» mande qu'il avait précédemment formée de
» passer au département de Lot-et-Garonne,
» je la prie de me faire connaître s'il ne serait
» pas possible de maintenir cet officier à Turin

» et d'assigner une autre résidence au capitaine
» Eyrich.

» *Signé*, le Duc DE FELTRE.

» Pour copie conforme :

» *Le premier Inspecteur-général*,

» Le Maréchal Duc DE CONÉGLIANO. »

Il eût été dangereux de démentir le prétendu
désir de revenir à Turin que le prince Borghèse
me prêtait gratuitement pour me conserver dans
son gouvernement. Le Maréchal dut s'apercevoir cependant avec quel regret j'allais reprendre le chemin du Piémont; mais sa bienveillance
me donna des conseils que je crus de mon devoir
de suivre, et me fit concevoir des espérances
dont une partie ne tarda point à se réaliser;
et si mes vœux n'ont pas été totalement remplis
depuis, je ne suis pas le seul de cette noble
armée française que des événemens impossibles
alors à prévoir ont frappé au cœur.

Je revins à Turin, que je ne quitterai plus
sans raconter à mes lecteurs les détails d'une
aventure dont les suites ont embelli mon séjour
en Italie, et dont j'ai gardé des souvenirs inef-
façables.

Lors de ma première arrivée à Turin, quand

je passai du commandement de la Sésia à celui
du Pô, je dus songer à me procurer un logement
convenable. J'appris que j'en trouverais un chez
la comtesse B....., qui appartenait à une famille
distinguée du Piémont, et dont le père avait
servi dans les gardes-du-corps du Roi de Sar-
daigne. Cette dame était veuve du comte B ....,
mort au siège de Gênes, où la comtesse avait
elle-même souffert les plus grandes privations
pour la cause française, que son cœur affection-
nait. Déguisée en paysanne, et accompagnée
d'un montagnard piémontais qui lui était dévoué,
elle avait plusieurs fois traversé les lignes qui
resserraient la ville, pour revoir Turin, sa patrie,
et ses courses n'avaient pas été sans utilité pour
le général en chef Masséna, qui lui avait dû de
précieux renseignemens. Je me présentai chez
elle en la compagnie de M.me Z...., dont le mari
était chef d'escadron dans la gendarmerie.

La Comtesse était en ce moment indisposée,
et, quoique dans son lit, elle consentit à nous
recevoir.

Je vis en elle l'une des plus belles femmes
de Turin. Sa blancheur éclatante, que faisaient
ressortir encore des cheveux noirs et des sourcils
dessinés d'une manière admirable ; son bras,
et tout ce que le mouvement qu'elle fit en le
montrant put me découvrir du plus beau sein

du monde, m'enivrèrent d'amour. Sans la présence de ma compagne, je n'aurais peut-être pas respecté long-temps la faible barrière de lin qui me séparait de tant de charmes, car j'étais plein de feu alors, et j'ai su plus d'une fois lever de plus grands obstacles.

Mme B....., après les premiers complimens, me demanda quelques délais, et me dit que dans huit jours elle me ferait appeler et que nous nous *arrangerions*. Son peu d'habitude de la langue française pouvait avoir dicté ce dernier mot, auquel cependant j'attribuai un sens que mon amour naissant se plut à commenter.

Huit jours après, un de ses domestiques vint me quérir. Je la trouvai cette fois négligemment penchée sur un sopha, où je pris place, et tout en faisant nos conventions de loyer, j'osai lui parler de la violence du sentiment qu'elle m'avait inspiré. C'est avec les protestations de cet amour que je combattis le projet qu'elle paraissait avoir de m'abandonner sa maison de la ville pour se retirer dans son château près de Stupinis, dans la commune de Vinovo, et que je parvins à changer à cet égard ses résolutions ou sérieuses ou simulées.

Me voilà donc logé sous le même toit que la Comtesse, séparé d'elle par un appartement, qu'au bout de huit jours je résolus de franchir.

Je quittài, dans la nuit, la chambre qu'elle m'avait donnée, et je ne craignis pas de la surprendre sur sa couche, où après les reproches d'usage, j'obtins, plutôt que je n'arrachai, la récompense d'un amour qui était digne de ses charmes ; car je cimentai avec elle une union que les événemens qui ont froissé ma volonté ont pu seuls détruire.

Je trouvai en Mme B..... beaucoup plus qu'une maîtresse ; elle devint mon amie, et ses conseils m'ont plus d'une fois rappelé mes devoirs, lorsque mon amour pour elle me les faisait négliger. Pendant douze années, cette union ne fut troublée que par de légers nuages. Cette amie précieuse ne m'a point quitté en Piémont, à Zara, à l'armée d'Italie.

Au siège de cette place, dont je parlerai bientôt, elle se condamna, pour ne pas s'éloigner de moi, aux plus horribles privations ; et pendant que les bombes pleuvaient dans la ville, dédaignant la protection des casemates, elle me suivait sur les remparts.

En 1810, je tombai malade à Turin, et je reçus d'elle ces soins que les femmes seules savent rendre. Pendant ma convalescence, j'allai respirer à sa campagne de Vinovo un air plus pur que ma santé exigeait. Un jour nous nous promenions sous une galerie voûtée qui entourait notre demeure ; tout-à-coup un craquement effroyable se fait entendre, et comme la galerie se fendait et allait nous écraser sous ses ruines , je prends ma belle garde-malade dans mes bras et je l'emporte hors de tout danger , par l'une des portes qui heureusement était restée ouverte.

La chute de cette galerie immense se fit entendre à un demi-mille du château, dans le village de Vinovo , dont les habitans accoururent pour nous secourir. Ce danger , le plaisir de me devoir la vie , se mêlaient aux illusions de notre amour et ne nous permettaient pas de songer qu'il dût jamais finir.

Cette liaison m'occasionna un jour dans Turin une querelle dont je dois m'accuser devant mes lecteurs. J'étais un soir au théâtre Carignan avec la comtesse B.... Sa beauté et sa parure attiraient sur nous tous les regards. Un lieutenant de la légion piémontaise affecta long-temps , et de manière à lasser ma patience , de me toiser , à une distance de notre loge qui ne permettait point cette impolitesse. Je quittai alors pour un instant ma compagne, et j'allai lui faire sur ce procédé , la question d'usage ; il y répondit avec la même insolence qu'il m'avait regardé , et sa bouche ne démentit point ses yeux. Je lui donnai un rendez-vous pour le lendemain. Le lendemain , en effet , nous nous rencontrâmes

avec nos seconds sur les remparts de Turin ;
mais comme il avait plu dans la nuit , nous trouvâmes le terrain trop glissant , et je proposai de
nous enfermer dans le manége , dont je mis la
clé dans ma poche. Nous nous mesurâmes à
l'épée; M. Perrusset, lieutenant de gendarmerie,
etait mon second ; au bout de quelques minutes
j'atteignis aux flancs mon adversaire. Son second,
qui était capitaine dans la même légion , voulut
prendre sa place , et ne fut pas plus heureux. Un
coup d'épée au-dessous du sein droit , fut la récompense de son désir de venger son camarade.

Un ancien chevalier , suivant l'antique usage,
n'aurait pas manqué d'ordonner à ces deux braves d'aller déposer leurs armes aux pieds de sa
dame ; je ne sais si ceux-ci se seraient facilement
soumis à cet abus de la victoire; mais ils le firent
volontiers , lorsque je ne les en priais pas. Ils
vinrent après leur guérison rendre leurs hom-
mages à la comtesse B.... qui les retint à dîner ,
et qui accepta même leur bras pour le spectacle,
dans la soirée. Je ne tairai pas à mes lecteurs
que cette belle italienne fut loin de s'affliger de
ce double duel , et que , digne compagne d'un
officier français , elle en manifesta hautement
sa satisfaction.

Au reste , j'étais loin de négliger mes devoirs
au sein même des plaisirs , et , comme je l'ai

déjà dit, elle était là première à me les rappeler ;
aussi obtins-je toute l'estime et toute la confiance
du prince de Borghèse, qui était gouverneur général des départemens transalpins, et dont la
résidence était à Turin. Je croirais manquer à la
reconnaissance que je lui dois, si je ne dépo-
sais ici le souvenir de la bienveillance dont il
m'honora. Son palais m'était ouvert à toute
heure ; j'étais dispensé, pour les communications
particulières et pour mon entrée dans son cabinet, de ces entraves d'étiquette qui trop souvent
élèvent autour des princes une barrière dont
leur cœur s'afflige quelquefois.

Qui ne connaît aussi les grâces et l'esprit de
la princesse Pauline ? Quelle famille que celle
où le chef possédait le plus grand génie des
temps modernes, où chaque frère avait son mérite, où chaque sœur était une beauté !

Je n'ai pas cru devoir rappeler ici les fêtes de
cette cour de Turin où j'étais admis, et où la
princesse Borghèse avait pris soin d'imiter autant que le permettaient les distances, toutes
les modes et toute la magie des pompes de la
cour de son frère ; ces détails sont connus ; d'autres en ont raconté toutes les particularités, et
je dois garder dans mon cœur des souvenirs qui
n'auraient point pour mes lecteurs le même
charme que pour moi.

Cette faveur était fort enviée d'un personnage puissant de cette même cour : c'était le directeur général de la police dans les départemens au-delà des alpes. Il n'est rien qu'il ne tentât pour m'enlever la confiance du gouverneur ; mais je sus déjouer tous ses piéges, et d'ailleurs l'estime du prince n'étant basée que sur les services que je rendais journellement dans le Piémont, il eut été difficile de l'altérer dans son cœur. C'est à une de ces tracasseries du directeur-général que se rapporte une phrase de la lettre du maréchal Moncey, du 31 janvier 1811, que j'ai eu occasion de transcrire plus haut. Je dois à l'inimitié de cet homme, la perte de plusieurs sommes que je dépensai pour le service du prince, qui me furent allouées à titre de frais de police, et qui cependant ne m'ont jamais été payées, quoique M. le directeur général reçût pour cet objet des fonds considérables du gouvernement français.

CHAPITRE VI.

Voyage de Turin à Zara.

L'Empereur vint en Italie en septembre 1811. Je reçus l'ordre de monseigneur le maréchal Moncey de me porter avec ma troupe aux limites du département du Pô : c'était au pied du Mont-Cénis. Là, dans une prairie, auprès d'un feu que le maire de la Novalaise avait fait préparer, je revis ce Prince qu'entouraient plusieurs grands dignitaires, plusieurs généraux, le gouverneur-général, les préfets et toutes les autorités civiles et militaires de notre département. M'apercevant dans ce cercle en face de lui, il me reconnut et daigna m'adresser la parole en ces termes : « Vous » voilà donc, chef-d'escadron ?— Sire, lui répon-» dis-je, je n'étais que capitaine, mais puisque » Votre Majesté me croit chef-d'escadron, il faut » bien que cela soit. » Alors il appela le géné-ral Berthier, et lui recommanda de prendre note de ma nomination à ce dernier grade. Quelque temps après, je reçus en effet, du maréchal duc de Conégliano la lettre suivante :

La Haie, le 24 octobre 1811.

« Je vous annonce avec plaisir, Monsieur le
» capitaine, que par un décret rendu à Utrech,
» le 9 de ce mois, l'Empereur vous a nommé
» chef-d'escadron, prévôt de l'une des cinq
» provinces de l'Illyrie. Faites de suite vos dis-
» positions afin d'être en mesure immédiatement
» après la réception de votre lettre de nomina-
» tion, de partir pour votre nouvelle destination,
» où vous justifierez, je n'en doute pas, la
» confiance qui vous appelle à des fonctions
» aussi importantes. Recevez mes sincères féli-
» citations.

» Le premier Inspecteur-Général,

» *Signé* : LE DUC DE CONÉGLIANO. »

Je quittai donc Turin le 15 septembre avec
la comtesse B.... qui ne craignit pas de laisser la
belle Italie pour me suivre dans les champs désolés de la Dalmatie, et traversant Milan, Venise
que nous voulûmes visiter, Véronne, Vicence,
Trieste, Fium, la Croatie civile, la Croatie militaire, la Bosnie, etc., etc., nous nous dirigeâmes sur Zara qui devait être ma résidence.
Ces pays ont été décrits tant de fois, que mes

lecteurs les connaissent sans doute mieux que moi ; je ne crois donc pas devoir transcrire ici les notes que j'ai gardées de ce voyage. Je me bornerai à quelques remarques sur un pays moins connu ; je veux parler des deux Croaties : la Croatie civile et la Croatie militaire, qui tirent leur nom de la différence avec laquelle l'Autriche les administre, forment une contrée aride, couverte de rochers, où s'élèvent des sapins, des hêtres, des houx, et que traversent et sillonnent un grand nombre de torrens. Ce pays est entouré par l'Esclavonie, par la Bosnie, par la Dalmatie, par la Carniole, et par le Golfe de Venise ; Carlostad en est la capitale. Les habitans en sont presque sauvages : sauvages aussi en sont les femmes, qui malgré leur costume grec, sont d'une laideur rebutante. Elles ont la coutume de porter autour de leur cou des pièces de monnaie en guise de collier, et comme plusieurs avaient remplacé ces pièces par des boutons au numéro de nos régimens français, je ne pus me dissimuler que c'étaient là les suites des meurtres et des pillages dont nos troupes étaient les victimes, en traversant cette contrée infestée de voleurs et d'assassins. Aussi les gibets hérissaient-ils les deux Croaties!...

J'ignore quels souvenirs nous avons laissés dans ce pays ; ils devraient être de reconnaissance et d'amour. Nos régimens ont créé dans les deux Croaties et dans la Dalmatie de grandes routes qui portaient le nom de ces divers corps, et qui traversent ce pays, où l'on ne pouvait voyager qu'avec les plus grandes difficultés, lors de notre conquête.

De Chnim en Bosnie, jusques à Zara, la route est aujourd'hui superbe, mais les avantages ne s'en faisaient point alors ressentir, et pour arriver à ma résidence il fallut traverser un désert couvert de rochers, sans autre ombrage que quelques arbustes, et sans autre source qu'une eau rougeâtre dont les animaux eux-mêmes étaient dégoûtés. Chaque auberge que l'on rencontre a plûtôt l'air d'un repaire de voleurs que d'une maison hospitalière. Le voyageur n'y trouve qu'un vin rouge conservé dans des outres, dont il garde l'odeur fétide; quelque morceau de chevreuil, rôti avec une broche de bois et en plein air, et le toit sans lit, sans aucune de ces commodités qui, dans nos auberges, consolent de la fatigue du jour, et encouragent pour la fatigue du lendemain.

Les villages que nous traversâmes de Chnim à Zara, sont : Zermania, Ostrowitz, Bencovats et Zemonico. C'est là que j'ai vu pour la première fois des Grecs, dont je me plais à attester l'esprit serviable, la tempérance et le caractère pacifique. Combien j'ai trouvé différens les Albanais, dont un village qui porte leur nom est situé auprès de Zara! Leur passion pour le vin et leur amour pour les querelles en ont fait un voisinage fort incommode, et plus d'une fois je les ai vus passer d'une rixe de cabaret aux plus horribles crimes.

Je pense que mes lecteurs partageront la disposition d'esprit ou je me trouvai pendant cette route, et qu'ils ne seront pas fâchés d'arriver avec moi Zara.

CHAPITRE VII.

Zara et la Dalmatie.

Zara, avant notre conquête, était un des boulevards des Vénitiens. Ladislas, roi de Naples, la leur vendit en 1409 : Bajazet II la leur enleva en 1492 ; mais ils la reprirent aux Turcs et ils l'ont conservée depuis. Elle a un archevêché, une citadelle et un port sur l'Adriatique ; car cette ville a été bâtie sur une presqu'île, au fond du golfe, et elle ne tient à la terre que par un isthme étroit et que l'on a coupé en y creusant de larges fossés. Les vaisseaux pour arriver à Zara s'engagent dans le canal de Morlachie, dont l'entrée est difficile, surtout lorsque *La Bourra* vient à souffler ; ce vent rend la mer houleuse, et les marins qui le redoutent se jettent alors à la côte et se refugient dans les anses qui bordent le canal.

Zara est renommée pour sa liqueur, connue sous le nom de Maraschino. Elle était fabriquée

par le nommé Andréoli, qui seul en a eu la re-
cette jusques dans les premiers jours de 1814. Il
mourut à cette époque, et il a laissé à son fils ce
secret, qui seul vaut la plus riche succession.

On trouverait étonnant sans-doute que dans
la description de cette ville, ma plume ne con-
sacrât point quelques lignes au souvenir des
dames de la Dalmatie. Un ancien officier de cavalerie ne peut jamais oublier le beau sexe.

Le beau sexe! est-ce bien là le mot dont je
puis me servir en parlant des Zaratines? Je ne
sais si le souvenir des Italiennes avait fasciné mes
yeux; mais il est certain que j'ai vu à Zara peu
de femmes dignes d'attention. Deux seulement
se faisaient remarquer par leur beauté, par l'é-
légance de leur taille, et se trouvaient en quelque sorte le centre des adorations de toutes les
administrations, tant civiles que militaires. Pour
ne pas blesser leur modestie qui s'offenserait de
tant de gloire, je m'abstiendrai de les nommer.

La Dalmatie abonde en figues et en olives; on
y récolte peu de vin, mais il y est délicieux. Le
golfe lui fournit d'excellent poisson. On trouve
de bon gibier dans ses bois et surtout des bé-
casses, ce qui m'a paru digne de remarque dans
ce pays d'une très chaude température : on y
tue beaucoup de castras ou chevreuils. Le pain
blanc et toutes les choses délicates pour la table,

y viennent d'Ancone et de Venise. Le bas peuple s'y nourrit de viande, et presque toujours de riz.

Les Dalmates s'adonnent à la contrebande ; ils y contractent l'habitude des fatigues et la passion pour le vin et les liqueurs. Ils sont au reste de bons soldats, et Napoléon ayant placé un régiment d'Illyriens dans sa garde, ils se montrèrent dignes par la beauté de leur taille, par leur ténue, et par leur contenance devant l'ennemi, du corps illustre où ils avaient été admis.

Les hommes et les femmes portent le costume grec ; les hommes ont, au lieu d'un chapeau, une calotte rouge qui leur couvre le haut de la tête et qui est assez bien imitée par celle qu'ont adoptée depuis quelque temps les Philhellènes. Leurs cheveux noirs sont nattés sur le côté du visage et tombent sur les épaules ; leurs vestes sont de drap ou de peau de bouc ; leur ceinture soutient une paire de beaux pistolets d'arçon chargés à balle, un poignard et une giberne garnie de vingt-quatre cartouches en fer-blanc, à la manière anglaise. Enfin, ils portent en bandoulière un fusil toujours chargé et qu'ils manient avec la même adresse que les Tyroliens. A la moindre dispute ils se couchent réciproquement en joue, et il n'est pas de fête de village qui ne soit ensanglantée par eux. Pendant l'occupation des

Français, on a mis en question si l'on désarmerait ce peuple qui fait de ses armes un usage si dangereux ; mais cette mesure fut repoussée dans un grand conseil à Laybach où il fut reconnu qu'elle ne pouvait avoir lieu sans causer un grand ébranlement dans toute la contrée.

La Dalmatie n'a ni moulins à eau, ni moulins à vent. Le paysan y est obligé de broyer le peu de blé qu'il récolte, dans un mortier de pierre, et après avoir pétri la farine qu'il a ainsi obtenue, avec son levain, il allume au milieu de sa chambre, un tas de bois, devant lequel il fait rôtir cette pâte, ce qui lui produit un pain lourd comme du fer, et qui ne peut être digéré que par un Dalmate. Lorsque le foyer qu'ils forment ainsi au centre de leur demeure, s'est éteint dans la soirée, toute la famille se couche à l'entour, les jambes dans les cendres chaudes ; c'est là leur manière de passer la nuit.

Le Dalmate voyage à cheval et chargé seulement de ses armes, tandis que sa femme marche à pied, à six pas en-avant, portant sa valise sur le cou, ou derrière son dos. Cet usage est tellement établi, que les chevaux eux-mêmes le respectent, et qu'ils ne dépassent jamais leur maîtresse, quelque fougueux qu'ils soient.

La Dalmatie contient différentes colonies grecques et albanaises ; les Grecs ont leur église dans Zara ; les Albanais, au village de ce nom, à peu de distance de la ville. On trouve aussi des Grecs et des Albanais à Sébénico, à Spalatro, à Macarsca.

Sébénico était autrefois une ville très-forte ; mais son château est maintenant en ruines ; elle avait aussi un évêché suffragant de Spalatro ; son port est formé par l'embouchure du fleuve Charca dans l'Adriatique. La contrée est stérile. Les habitans ne vivent guère que de poisson et de contrebande.

Spalatro est bien autrement florissante ; c'est la capitale de la Dalmatie Vénitienne ; son port est très-fréquenté. Tout y abonde, et son commerce en a fait une ville riche et peuplée, et a corrigé l'âpreté des mœurs des Dalmates. Les voyageurs y remarquent surtout le palais de Dioclétien : ce sont les plus belles ruines de l'Italie. Pendant notre occupation, Spalatro était le chef-lieu d'une sous-intendance qui équivalait à une de nos sous-préfectures.

Macarsca, capitale de la Primorgie, n'est ni aussi riche ni aussi grande. Elle a cependant un port sur le Golfe. Son évêché était suffragant de Spalatro.

CHAPITRE VIII.

Séjour et Service en Dalmatie.

Je l'ai déjà dit : un décret du 9 octobre 1811 m'avait confié les fonctions délicates de prévôt de la Dalmatie. Le décret du 30 septembre précédent contenait l'indication de tous mes devoirs : je devais, outre mes commandemens militaires, présider la cour prévôtale, comme cour criminelle et comme tribunal de police correctionnelle.

Le 15 janvier, la cour fut installée sous ma présidence, à la suite d'un discours lumineux qui fut prononcé par le procureur-général Giaxich. J'en conçus la plus grande estime pour lui, et sentant d'ailleurs le besoin d'acquérir quelques connaissances pour cette nouvelle carrière, je me liai étroitement avec ce magistrat distingué, comme j'avais déjà fait avec M. Bertholotti, président de la cour criminelle de Turin, pendant que j'étais membre de cette cour. J'ai dû beaucoup à leurs leçons, et je dé-

7

sirerais que ces lignes pussent quelque jour tomber sous leurs yeux et leur être un témoignage du souvenir que j'ai gardé de leur mérite et de leur amitié.

Le commandement de toute la gendarmerie de la province était aussi une partie importante de mes instructions. J'eus soin d'établir entr'elle et les autorités locales la plus grande harmonie, et je lui recommandai la plus grande circonspection dans une province si difficile à administrer. Je partis ensuite pour visiter la Dalmatie. Je vis Sardonne, Sebenico, Spalatro, Macarsca.

Il m'arriva dans Spalatro une aventure dont je vais entretenir mes lecteurs.

Spalatro avait pour commandant le colonel A.. qui vivait avec une très belle femme, la plus jolie de la province. J'eus occasion de la conduire à la promenade sur le quai. Le lendemain je me présentai chez elle et j'y passai une heure fort agréable. Comme je lui faisais mes adieux, le colonel A.. frappa à la porte ; on lui dit d'entrer et nous nous saluâmes. « Colonel, lui dis-je, » je suis venu sans votre permission. » Il me répondit : « C'est bien, commandant » d'un ton qui donnait un démenti à ses paroles. Je lui en fis l'observation, en ajoutant qu'il ne paraissait pas satisfait : Satisfait ou non, s'écria-t-il, en faisant explosion, je vous prie de sortir de chez moi. Je me tournai alors du côté de la dame et je lui demandai si j'étais chez elle ou chez lui : vous êtes chez moi, me répondit-elle, d'un ton qui m'enchanta, et je dis au colonel que ces mots étaient pour moi un ordre de ne pas quitter l'appartement. Il devint furieux, et il s'oublia au point de me dire beaucoup d'injures ; « Vous êtes un sot, lui répliquai je, et » vous vous servez là d'une arme bien inconve- » nante pour un colonel. Je partais, j'avais » pris congé de Madame ; mais je demeure » Et en effet je m'assis de nouveau ; il sortit de l'appartement, la rage dans le cœur, et en disant que j'étais venu chez lui l'insulter et le provoquer; qu'il allait en écrire au maréchal duc de Conégliano et au gouverneur général. Il n'y manqua pas en effet, et je l'appris du directeur de la poste qui avait reconnu son contre-seing sur le dos de ses lettres.

Cette sotte affaire m'inquiéta peu. Cependant, de retour à Zara, je crus devoir en écrire au gouverneur général, et comme j'avais appris que le Colonel A.. avait tenu contre moi de vilains propos après mon départ, j'en instruisis le gouverneur et je lui demandai la permission de rétrograder sur Spalatro pour obtenir des éclaircissemens.

Voici quelle fut sa réponse :

Trieste, le 7 janvier 1813.

« Commandant, je reçois votre lettre du 1.er
» janvier 1813. Il faut oublier ce qui s'est passé
» à Spalatro. Celui dont la conduite est sans re-
» proches ne craint pas des bruits qui cessent
» du moment qu'ils sont sans fondement. Eta-
» blissez l'ordre dans la province, et comptez
» que je vous seconderai. Recevez, comman-
» dant, l'assurance de ma parfaite considéra-
» tion. »

» *Signé*, le Gouverneur général, BERTRAND. »

Je reprends le récit de mes courses. Je visitai
en 1813, par ordre du gouverneur général,
l'île de Corfou, sa ville capitale, Zante et Lissa.
La mer qui entoure ces îles étant infestée de
vaisseaux anglais, je fus obligé de me travestir
en marin illyrien, et comme je ne connaissais
point parfaitement leur langue, que d'ailleurs
l'accent français n'aurait pas manqué de me
trahir, je fis le sourd et muet pendant toute la
traversée. Il n'y allait de rien moins que de la vie,
et je ne pouvais pas même espérer d'être fait
prisonnier de guerre, car on n'aurait pas manqué de me traiter comme un espion. Cependant
notre barque qui était montée par des contre-

bandiers accoutumés à trafiquer avec les anglais, ne fut point inquiétée par ceux-ci.

Personne, je pense, ne sera tenté de critiquer ce travestissement. Il m'eût été bien plus agréable de recevoir l'ordre de marcher à l'ennemi, revêtu de mes insignes et à la tête de mon escadron. Mais le service de la patrie et de son prince doit tout ennoblir. Corfou était occupé par nos troupes; les Anglais interceptaient les mers, et le gouvernement était intéressé à savoir dans quelle situation se trouvait cette conquête importante à conserver, et les préparatifs que l'on pouvait faire contre elle aux environs. Je regarde cette mission comme une des plus périlleuses que j'aie jamais reçues.

L'île de Corfou dans la mer Ionienne doit avoir 30 ou 40 lieues de circonférence; elle est située à l'embouchure du golfe de Venise, et elle avait passé des Napolitains aux Vénitiens en 1326; c'était la clé du golfe, et les Turcs ont maintes fois cherché à l'enlever à la République. Le château Saint-Ange qui la défend est très-bien armé. La ville avait un provéditeur et deux conseillers. L'île était divisée en quatre départemens. Son sol abonde en oliviers, vignes, cédras et limons; on y fait aussi beaucoup de sel.

La ville de Corfou a deux forteresses, un archevêque latin et un Protopapa pour la religion grecque. Une partie de ses faubourgs sont l'ancienne Corcyre ; elle est située sur la côte orientale de l'île, vis-à-vis Canina.

Zante, dans la mer de Grèce, non loin de la côte occidentale de la Morée, est une petite île à 6 ou 7 lieues de Céphalonie. Les Anglais l'occupaient lorsque je la visitai. Nous passâmes cependant devant leurs factionnaires sans éprouver aucune investigation. Zante a six lieues de long et quatre de large. La ville est bien bâtie, bien percée et bien pavée. On vante l'agrément de son séjour ; mais on doit penser que je n'ai pu m'en convaincre par moi-même.

Lissa n'est qu'un rocher, dans le Golfe de Venise, sur la côte de la Dalmatie. C'était et c'est encore un grand entrepôt de denrées coloniales. Les Italiens y vont charger leurs bâtimens de marchandises anglaises, dont une partie passait à Zara en contrebande, et le reste se transportait vers les contrées plus méridionales. Il était de mon devoir de réprimer ce commerce interlope. Je le fis avec toute la rigueur qu'il méritait, et voici ce que m'écrivit à cet égard notre inspecteur-général :

Paris, le 7 mai 1813.

« Monsieur le chef d'escadron, j'ai reçu le
» compte que vous m'avez rendu de l'opération
» faite sous vos ordres, le 5 avril dernier, au
» préjudice des contrebandiers armés qui avaient
» le projet d'introduire en fraude des marchan-
» dises anglaises et des denrées coloniales qui
» leur arrivaient par une barque venant de Lissa,
» laquelle devait débarquer sa cargaison au pied
» des remparts de la ville de Zara. Cette expédi-
» tion qui fait honneur à votre vigilance, et
» surtout à vos dispositions et à la manière dont
» elles ont été exécutées, doit être profitable aux
» saisissans. Informez-moi de ce qui aura été
» prononcé au tribunal des douanes de Laybach,
» relativement aux parts de prise auxquelles la
» troupe sous vos ordres peut avoir droit, pour
» me mettre à même de soumettre vos réclama-
» tions au ministre des manufactures et du
» commerce, dans le cas où vous auriez à en
» faire. Je vous salue avec une affectueuse
» considération.

« *Signé*, le maréchal, duc de CONEGLIANO. »

Comme on a pu le voir, mes fonctions me met-
taient en correspondance avec le gouverneur général des provinces illyriennes, établi à Laybach.

J'avais en outre des rapports à faire au ministre de la justice, à celui de la police générale,
à notre inspecteur-général. Je correspondais
aussi avec toutes les autorités civiles et militaires. Enfin il me fallut ouvrir des relations avec
le consul général de France en Bosnie, province
Turque. Voici une lettre que je retrouve de lui
dans mes papiers.

Travnik, le 23 septembre 1813

« Monsieur le prévôt, je reçois la lettre que
» vous m'avez fait l'honneur de m'écrire le 9
» de ce mois, relativement aux rebelles Dalma-
» tes qui ont envoyé des lettres incendiaires en
» Dalmatie. J'ai déjà poursuivi ces conspirateurs.
» Sur ma réquisition, le Caimacan de Bosnie
» avait expédié des Tartares à Gravo pour les
» arrêter et les ramener ici; prévenus apparem-
» ment de cette mesure, ils se sont sauvés en
» Croatie. Vos observations, Monsieur le prévôt,
» sur l'innocence de leurs messagers, sont
» pleines de justice et d'humanité. Ces malheu-
» reux paysans obéissent aveuglément à leurs
» maîtres, et ne savent ce qu'ils portent. Il est
» bien toutefois, pour l'exemple, qu'ils restent
» quelque temps en prison.
» Je vais me plaindre au gouvernement

» Bosnique de ceux qui les ont expédiés ; c'est
» ceux-là qu'il faut punir ; car ils savent bien
» qu'ils agissent contre la sûreté des provinces
» illyriennes. Quand j'aurai obtenu satisfaction,
» j'aurai l'honneur de vous en informer, et
» alors on pourra relâcher les porteurs innocens
» des provocations insurrectionnelles. J'ai fait
» punir un des hôtes que vous me signalez. Je
» vais poursuivre également le nommé *Passalia*
» de Gravo. Je leur ôterai l'envie, je vous as-
» sure, de servir une autre fois nos ennemis. La
» direction que vous avez donnée à cet événe-
» ment a fait crouler l'échafaudage des conspi-
» rateurs. J'ai l'honneur de vous renouveler
» l'assurance de ma considération la plus dis-
» tinguée. »

Signé, DAVID.

Cette lettre prouve que mon zèle, dans l'exer-
cice des fonctions qui m'étaient confiées, ne
m'entraînait jamais au-delà des bornes, et
que je savais accorder l'humanité avec la rigueur
de mes devoirs. Au reste, je ne faisais en cela
que suivre les ordres de mes supérieurs. J'ai
conservé une lettre qui pourra servir à faire
connaître un des caractères les plus mystérieux
de cette époque. C'est pour cela que je vais la
transcrire en entier. D'ailleurs elle indiquera

mieux que moi à mes lecteurs sur quel foyer prêt à s'enflammer je me trouvais placé par mon commandement.

Laybach, le 1.er août 1813.

« Le sénateur, ministre-d'état, gouverneur-
» général, à Monsieur le Commandant la gen-
» darmerie, prévôt de la Dalmatie.

» Monsieur le Commandant, les circonstan-
» ces actuelles, les préparatifs qui ont lieu dans
» un état voisin appellent une attention suivie et
» une activité de tous les instans sur les fron-
» tières des provinces dont le commandement
» m'est confié. Vous m'adresserez directement
» et avec exactitude tous les renseignemens
» utiles ; ne négligez aucun moyen d'en obtenir
» en vous faisant rendre compte journellement
» des moindres évènemens. Ce qui paraît indif-
» férent à l'homme qui est éloigné du centre des
» affaires, pourrait être important aux yeux de
» celui qui se trouve placé à leur sommet, et
» qui juge de leur ensemble. Pour que la
» connaissance des évènemens m'arrive promp-
» tement, vous enjoindrez à vos subordonnés
» qui sont éloignés de vous, de m'informer
» directement de tout ce qu'ils apprendront.
» Recommandez-leur de faire beaucoup, et peu

» de bruit; d'être présens partout, et importans
» nulle part.

» La surveillance que je vous prescris ne doit
» être pour personne un sujet d'inquiétude,
» elle est pour tout le monde la meilleure ga-
» rantie de la tranquillité publique. Recevez,
» Monsieur le commandant, l'assurance de ma
» considération.

» *Signé*, le duc D'OTRANTE.

P. S. » Surveillez avec soin tous les voyageurs,
» surtout les étrangers, et désignez-moi sans
» délai tous les individus qui vous paraîtraient
» suspects. »

Ainsi donc la Dalmatie n'était pas dans une
position bien tranquille. On ne tarda pas en
effet à mettre Zara en état de siége, comme on
le verra bientôt.

Mais avant d'en venir aux détails qui suivirent
cette déclaration, je crois devoir rapporter un
événement qui la précéda.

En mai 1813, les Autrichiens et les Anglais
commencèrent leurs mouvemens sur Zara, les
uns en marchant par terre pour cerner les deux
points de la ville qui y tenaient, ainsi que la
citadelle, et les Anglais en s'approchant des
côtes et du canal. Le 27, j'appris que ces derniers
avaient débarqué quelques soldats sur le rivage

pour y enlever des provisions de bouche et inquiéter les habitans. C'est avec bien du plaisir que je retrouvai l'occasion de faire une guerre qui convenait mieux à mes goûts que les fonctions civiles de prévôt. Je pris avec moi vingt gendarmes à cheval , et je me portai à Nona où l'ennemi avait fait la veille quelques démonstrations de débarquement.

En effet , le 27, vers quatre heures du soir, il s'y présenta de nouveau. Je m'étais embusqué sous les voûtes d'une des portes de la ville , pendant que ses chaloupes, armées de quelques pièces de canon , débarquaient sur la chaussée soixante hommes d'infanterie , après quoi elles reprirent le large.

Je laissai cette troupe s'avancer jusqu'aux deux tiers en avant de la chaussée, où elle avait pris terre , et au moment où elle ne s'attendait à rien moins qu'à mon attaque, nous chargeâmes brusquement ces insulaires, et nous les rejetâmes dans la mer. Un grand nombre se noya, les autres furent recueillis par leurs barques qui nous envoyèrent quelques boulets , sans nous faire de mal.

Je dois citer le brigadier Kormann qui se distingua particulièrement dans cette affaire ; elle me valut la lettre suivante du Ministre de la guerre :

Paris , le 17 juillet 1813.

« Monsieur le Maréchal, premier Inspecteur-
» général de la gendarmerie, m'a rendu compte,
» Monsieur , de la bonne conduite que vous
» avez tenue lors d'une tentative que les Anglais
» ont faite le 27 mai dernier sur la ville de
» Nona. J'ai vu avec satisfaction que dans cette
» occasion vous avez justifié la confiance que
» l'Empereur vous a accordée , et que vous
» continuez à vous en rendre digne.

» J'ai l'honneur de vous saluer.

» *Le Ministre de la guerre* ,

» *Signé* , Le Duc de Feltre. »

CHAPITRE VIII.

Siége de Zara.

J'ai vainement cherché dans les différens écrits qui doivent conserver le souvenir de nos travaux militaires, des détails sur le siége de Zara.

Cet événement, que j'ose dire dramatique, s'est perdu dans la multiplicité des désastres qui affligèrent les armées françaises en 1813 et en 1814, et dans les *Victoires et Conquêtes*, ouvrage auquel on a reproché, avec raison peut-être, trop de développemens, vingt lignes à peine ont été consacrées à la constance d'une poignée de Français entourés de vaisseaux anglais, d'une armée autrichienne, d'une artillerie formidable, au sein d'une population ennemie, et n'ayant pour camarades de combat que des lâches ou des traîtres. Je m'estime heureux d'avoir gardé le journal que je rédigeai jour par jour pendant ce siége, et je puis en conséquence garantir tous les détails auxquels je vais me livrer.

Le 19 août 1813 , la ville de Zara fut mise en
état de siége par suite d'un arrêté de Son Exc. le
duc d'Otrante , en sa qualité de gouverneur-
général des provinces Illyriennes. Cette décision
avait été prise le 11 du même mois.

Le même jour , monsieur le baron Roise ,
maréchal-de-camp , en sa qualité de gouverneur
de la place, fut investi de tous les pouvoirs civils
et militaires. Il nomma , pour remplir les fonctions de commissaire-général de police , M.
Germain , commissaire des guerres , faisant les
fonctions d'ordonnateur. En ma qualité de
prévôt de la Dalmatie, je fus investi des fonctions
de prévôt militaire et de celles d'officier de police
judiciaire , conformément au décret du 24 décembre 1811.

Les inquiétudes s'augmentèrent le 24 , lorsqu'on vit manquer le courrier de France.

Le 25 , même cause d'anxiété.

Le 26, le bruit se répandit que les Autrichiens
occupaient la Croatie , et que leurs couleurs
avaient été arborées dans plusieurs communes ,
notamment à Fium, Novi , Segna , Carlopago
et Pago , le long du canal de la Morlachie.

Ces bruits prirent plus de consistance et
devinrent plus alarmans les 27 et 28. On assurait
que toute la Croatie était insurgée. Plusieurs
lettres , venues de Carlopago , annonçaient

l'approche des Autrichiens ; on allait même jusqu'à dire qu'on les avait vus à Gospich, distant de Zara de vingt lieues communes. Il semblait du moins résulter d'une lettre d'un officier italien, au service de France, dans les régimens Croates, que l'ennemi était entré à Carlostad, dans la Croatie civile.

Il est permis de croire que ces rumeurs étaient le fruit des projets de l'ennemi pour insurger la population, au sein de laquelle nous étions perdus en petit nombre, et pour faire périr sous le poignard des traîtres, des Français que l'on savait difficiles à vaincre sur le champ de bataille. Au reste, si ces bruits ne furent point enfantés par la malveillance, la malveillance sut très-bien les exploiter à son profit.

Le même jour 27, nous apprîmes la défection des canonniers croates en marche de Gospich sur Zara avec quatre pièces de campagne et six caissons. Ces soldats abandonnèrent leur artillerie sur la grande route près de Bencovatz, et ils se débandèrent pour augmenter plus tard le nombre des insurgés. Mes gendarmes ramassèrent cet équipage de campagne, qu'ils conduisirent à Zara. En même tems, nous reçûmes aussi la triste nouvelle que mille Croates, dirigés sur Zara, sous les ordres de M. le major Waldoni, l'avaient quitté en traversant la montagne Saint-

Roch ; et il ne nous amena que la musique du régiment.

Tous ces événemens plus ou moins graves, plus ou moins prouvés, ne laissaient pas de faire des impressions fâcheuses dans la ville. Les militaires qui avaient l'expérience de la guerre se défièrent cependant de toutes ces rumeurs. En voyant le drapeau autrichien, sur quelques parties de la province, sans aucun soldat pour l'appuyer, ils demeurèrent convaincus que l'ennemi ne se présentait pas en force, et qu'il se bornait à appeler l'insurrection au secours de sa faiblesse. Nous dûmes donc redoubler de fermeté et de rigueur envers les individus suspects, dans ces circonstances graves où il y allait de la vie et de l'honneur.

Les journées des 29, 30 et 31 août s'écoulèrent ainsi dans le doute et l'anxiété.

Enfin, nous eûmes des nouvelles le 1.er septembre : Son Altesse Impériale, le Vice-Roi, était à Laybach à la tête de 70 mille hommes ; c'était plus qu'il n'en fallait pour nous donner la certitude que l'honneur français et la gloire de nos armes avaient un soutien en Italie.

Ces heureuses nouvelles furent confirmées par la feuille officielle, *le Télégraphe*, datée du 22 août, et qui nous arriva le 2 septembre.

Il faut avoir été dans notre situation, il faut

avoir connu le tourment de notre incertitude et de notre attente, pour sentir de quel poids affreux la lecture de ce journal soulagea nos cœurs. Mais le coup était porté, l'influence était produite, et les effets s'en faisaient déjà ressentir dans l'esprit de nos subordonnés, et même dans les démonstrations de quelques chefs étrangers. On ne tardera pas à voir les fruits amers de ces tentatives d'insurrection.

Le 4 septembre, on nous annonça d'une manière indirecte la prise de l'île de Pago et du fort de Liouba, sur le canal de la Morlachie, avec leur garnison, leur artillerie, et les provisions de bouche que l'on y tenait en réserve pour Zara. Nous doutâmes de ce malheur; mais nous en acquîmes la certitude, le 5, avec des détails odieux. L'officier commandant les Croates (il portait cependant un nom qui n'avait pas l'habitude d'être déshonoré, car c'était un Andréossi), le commandant, dis-je, rendit ces postes sans brûler une amorce, et il se retira à Gospich avec ses Croates, et avec la honte d'avoir trahi ses devoirs.

Cependant des bandes de brigands s'organisaient dans la Dalmatie, sous les ordres d'un scélérat nommé Pawassovich, Dalmate, condamné à mort; mais la tranquillité de la contrée n'en fut point troublée. Seulement et dans la journée du 5 , une bande de douze ou quinze insurgés se montra entre Verliqua et Sign , dans l'arrondissement de Spalatro , et fit mettre bas les armes à quinze Pandours et un officier, espèce de milice ou de garde nationale indigène. Ils escortaient un trésor de sept mille quatre cents francs, destiné à la solde de leurs corps et dirigé sur la forteresse de Chnim. Ces Pandours livrèrent leurs armes et leur convoi sans coup férir, ce qui nous prouva l'intelligence coupable qui existait entre ces brigands et la population.

Le 14 , M. l'intendant-auditeur au conseil d'état, mu autant par son zèle que par les désirs du général gouverneur, rassembla dans son hôtel tous ceux parmi les Français et les Zaratains qui parurent propres au service de la garde nationale. Il leur tint le langage d'un fonctionnaire ami de l'ordre et jaloux de l'honneur français. Il garantit la fidélité des employés de la nation, et il invita tous les membres à s'approcher du bureau pour se faire inscrire sur le registre qui devait constater leur adhésion.

Le dirai-je ?... Oui , sans doute , car il faut que justice soit rendue à chacun , et d'ailleurs si quelques lâches ont terni le nom Français , assez d'autres l'ont, depuis un demi siècle , mis par des prodiges de bravoure, à l'abri des reproches qu'on pourrait lui faire pour ces défections particulières, ensevelies dans cette immense gloire de nos armées.

Les Français furent les premiers à proférer un refus; je ne veux pas les nommer; seulement je désire que si ces lignes viennent à tomber sous leurs yeux, elles augmentent leur repentir, je dirai même les remords de leur conduite.... Elle affligea profondément M. l'intendant qui, par là, vit avorter ses projets généreux; car après cet exemple, on juge bien que les indigènes ne rivalisèrent que de honte et de lâcheté.

Le 18, à 5 heures du matin, un patron de barque, parti d'Ancône le 7, nous apporta la nouvelle officielle de la victoire remportée par l'Empereur, le 26 août, à Dresde, sur les armées combinées. Nous en reçûmes dans la journée tous les détails; et le 19, au lever du soleil, nous annonçâmes au loin, par une salve de 50 coups de canon, la joie de cet heureux événement.

Le 23, des lettres particulières nous apprirent le châtiment infligé à Fium qui s'était livrée, sans se défendre, à la première attaque des Autrichiens, comme j'ai eu occasion de le rappeler plus haut. Cinq mille Français en avaient chassé l'ennemi, et avaient livré la ville au pillage.

Cependant la province jusqu'à ce jour présentait, sinon de grandes ressources, du moins une situation rassurante. L'harmonie régnait entre les autorités militaires et civiles qui rivalisaient de soins et de zèle.

- La ville de Zara, je crois l'avoir déjà dit ailleurs, est une place très-forte., bien approvisionnée, bien armée; avec un nombre suffisant d'hommes de tête et de cœur, elle serait inexpugnable, et nous pouvions espérer de repousser les ennemis qui tenteraient de l'approcher. Mais la province ne tarda pas, au milieu de son calme apparent., à nous montrer les symptômes d'une insurrection générale; elle parut n'avoir gardé aucun ressentiment des horreurs que commit dans son sein, en 1809, ce même ennemi qui, en 1813, parvint à l'associer à ses projets contre la place de Zara. Nous sentîmes la nécessité de porter un prompt remède à ces symptomes. Ma gendarmerie, divisée en colonnes, parcourut tous les arrondissemens; elle rassura les habitans qu'on cherchait à égarer; elle arrêta les traîtres dans leurs manœuvres; enfin, elle sut maintenir les Dalmates dans l'obéissance.

Cependant les bâtimens anglais avaient quitté nos parages depuis quelques jours, et cette retraite semblait annoncer l'ajournement, par les troupes combinées, de leur attaque sur Zara.

Mais les tentatives insurrectionnelles avaient
leur cours ; l'ennemi avait jeté dans la Dalmatie
des milliers de proclamations, en style de fana-
tique, qui répandaient les bruits les plus mensongers sur les armées françaises, en excitant
les Dalmates à la révolte. Nous en combattions
l'influence en répandant à notre tour les nouvelles qui, heureusement à cette époque, nous
parvenaient de différens points ; nous parlions
des succès de la grande armée ; nous disions la
punition infligée par les Français à la ville de
Fium ; nous ajoutions qu'ils se maintenaient à
Lippa, à Lubiane, à Trieste ; enfin, nous avions
reçu des détails sur nos armées en Espagne, et
nous nous étions hâtés de les publier ; car nous
ignorions à cette époque que ces dernières nouvelles étaient trompeuses, et nous n'avons appris que long-temps après les événemens désas-
treux arrivés dans la Péninsule.

Le 29 septembre, on nous dénonça la conduite coupable tenue à Sébénico par le vérifica-
teur du domaine, dont je veux ici flétrir le nom :
c'était le sieur Drugman. Cet individu, et Vaine,
son receveur, Giarau, percepteur, et Murcatti,
directeur de la poste aux lettres, réunirent leurs
efforts pour accréditer les calomnies et les men-
songes des Autrichiens. Ils répandirent les récits
d'une déroute, à la suite de laquelle notre

grande armée avait repassé le Rhin ; que 8,000 français avaient été obligés d'abandonner Fium ; que les Monténégrins avaient repris leurs hostilités contre nous ; qu'ils avaient enlevé un de nos postes et attaqué Catarro et Raguse. Nous apprîmes la fausseté des bruits sur Fium, et nous eûmes l'espoir qu'il en était de même de la rentrée de l'Empereur en France à la suite d'une défaite.

Le 5 octobre, les journaux italiens nous parviennent enfin ; nous y lisons avec avidité des détails sur l'embarquement du prince Maximilien, chassé de Fium par les nôtres ; sur la défaite des Monténégrins, repoussés des hauteurs de Catarro, et sur la grande armée. Ils nous apprennent (et à cet égard ils furent confirmés le 7 par des lettres d'Ancône), que les armées ennemies battaient en retraite sur tous les points, et que les routes qui nous séparaient de l'Italie allaient être libres.

Mais passé le 7 octobre, nous restâmes sans nouvelles jusques au 19, époque à laquelle d'autres lettres nous annoncèrent l'approche des Autrichiens sur deux colonnes, fortes de deux régimens d'infanterie et d'un régiment de cavalerie. Parties de Gospich, elles se dirigeaient sur Zara, l'une par Obbrovazo, et l'autre par la Zermania. Néanmoins ceci ne nous fut point confirmé, et nous sûmes, par une barque venue d'Ancône, que nos armées occupaient toujours les mêmes positions.

Nous dûmes cependant nous tenir sur nos gardes ; car le 22 un de mes sous-officiers, en résidence à Obbrovazo, m'écrivit que les Croates étaient en mouvement et en agitation ; mais il ajoutait que ces préparatifs paraissaient plutôt faits pour leur défense que dans l'intention de pénétrer en Dalmatie. A tout événement, le Gouverneur assigna, le 24, à chaque chef de corps, le poste que sa troupe devait occuper en cas d'attaque.

Le 25, au point du jour, une frégate et un brick anglais se présentèrent en vue de Zara. Une de leurs chaloupes se porta vers l'écueil d'Uffémie, vis-à-vis la place, mais hors de la portée de son canon. Elle y débarqua une partie de son équipage, qui demeura sur la rive pendant trente minutes environ, et alla ensuite rejoindre la frégate. En même temps le maire de Nona et le sous-officier de gendarmerie d'Obbrovazo nous annoncèrent l'approche de l'ennemi. Il paraît même que les Anglais croyaient déjà les Autrichiens devant Zara ; car un de mes lieutenans, Pancracy, ayant été envoyé à la découverte avec douze gendarmes sur Brevilaqua et sur Nona, ramena prisonniers de guerre un officier anglais et quatre marins de l'équipage du brick, qui étaient descendus à terre pour porter une lettre au général Thomassich. Nous les renvoyâmes à leur bord, sur la promesse qui nous fut faite par le capitaine de la frégate de nous donner en échange le même nombre de français prisonniers, ce qui fut exécuté.

Enfin, nous vîmes aussi paraître l'ennemi de terre, dont tous les mouvemens avaient été combinés avec les vaisseaux anglais. Des troupes réglées et des bandes de brigands s'avancèrent par la grande route de Chnim et par celle d'Obbrovazo. Elles parvinrent ainsi jusqu'à Zémonico, à sept mille italiens de Zara, où elles restèrent en station jusqu'au 3 novembre.

Ce jour, le général Roise fit sortir une reconnaissance de trente gendarmes à cheval et de quarante à pied, dont je pris le commandement. Il me fit appuyer par un détachement du régiment italien sous les ordres du chef de bataillon Mery, qui, par sa lâcheté ou par son incapacité, trompa entièrement les intentions du gouverneur. Nous partîmes à sept heures du matin de la place, en suivant la chaussée construite le long du rivage, et malgré le feu des vaisseaux anglais, qui nous envoyèrent bordée sur bordée, sans pouvoir ni empêcher notre sortie ni nous faire précipiter le pas.

Il m'était enjoint de chercher l'ennemi, et de rapporter de lui des nouvelles certaines. Il me fallut donc repousser ses avant-postes, qui furent culbutés sur le corps principal au-delà de Babindoux, où ils avaient 1,500 hommes environ. Mais il eût été imprudent avec 70 hommes de pousser plus avant devant des forces aussi disproportionnées ; d'ailleurs mes ordres ne portaient rien de plus Je dus donc songer à la retraite, que l'inaction du chef de bataillon Mery rendit pénible et dangereuse. Cet officier s'était posté à peu de distance de la place, dans un enfoncement de terrain, qui lui servit ensuite de prétexte pour s'excuser de ne point m'avoir appuyé, prétendant qu'il m'avait perdu de vue et qu'il avait ignoré ma situation. Pour un Français, au défaut de ses yeux, le feu de la mousqueterie aurait suffi, et il aurait accouru où l'on brûlait des cartouches.

Quoi qu'il en soit, je ne tardai pas à m'apercevoir que l'ennemi manœuvrait pour m'envelopper ; et avec plus d'adresse, en combinant ses mouvemens avec les chaloupes anglaises, qui pouvaient jeter leurs équipages sur mes derrières, grâces à l'inaction de Mery, il est à présumer que j'aurais été cerné, et qu'il

m'aurait fallu faire une trouée semblable à celle
que l'ardeur du combat m'avait mis dans la
nécessité de tenter à l'affaire du 22 floréal
an 3, devant Courtray.

J'occupais, pendant cette reconnaissance,
la grande route avec ma cavalerie, et j'avais
jeté à droite et à gauche mes fantassins en
tirailleurs, pendant que l'ennemi déployait ses
ailes de manière à m'envelopper. Un signal
convenu avertit ma troupe, et nous repliant
par échelons, nous fîmes notre retraite dans
le meilleur ordre, toujours aux prises avec les
Autrichiens, auxquels nous tuâmes et blessâ-
mes plusieurs hommes, tandis que mes tirailleurs, à l'abri des rochers, des arbustes et
d'une chapelle, qui facilitaient leur marche
rétrograde, suivaient mon mouvement et m'em-
pêchaient d'être enveloppé. Je n'eus dans cette
affaire que quatre gendarmes blessés et un
cheval mis hors de combat, que j'avais prêté
au brave gendarme Romegoux. Il me fallut,
pour rentrer dans la place (et je ne m'y résolus
que sur les ordres réitérés du gouverneur qui
me les envoya deux fois par le même officier),
il me fallut, dis-je, braver de nouveau les boulets anglais ; car la frégate et le brick m'avaient
attendu au passage, et j'essuyai leurs bordées
comme je l'avais fait à ma sortie. A la suite

de cette reconnaissance, l'ennemi plaça ses avant-postes à portée de notre canon, et il eut l'insolence de nous envoyer un parlementaire avec une sommation, par le général Thomassich au général Roize, de rendre la place de Zara. Cette insulte fut reçue avec le mépris qu'elle méritait, et le gouverneur ne voulut même pas prendre lecture de la lettre du chef autrichien.

L'ennemi employa tout son temps jusqu'au 20 octobre pour élever ses batteries et nous entourer d'un cercle de feu. Il les démasqua le 22, entre une et deux heures de l'après-midi, et fit sur la ville et sur la citadelle un feu terrible, qui se ralentit seulement à la nuit. Nous lui répondîmes comme il convenait, Au plus fort des bordées, un soldat français, qui servait dans le régiment italien, se sentant la tête échauffée autant par l'odeur de la poudre que par les fumées du vin, monta sur le parapet du bastion, où je me tenais avec le gouverneur, et là, au risque de se précipiter dans les fossés, au risque surtout d'être foudroyé par mille boulets qui sillonnaient l'air au-dessus de la ville avec un fracas épouvantable, il insulta l'ennemi de paroles et de gestes, et me rappela l'une de ces sorcières dont il est parlé dans la Jérusalem délivrée, et qui, des rem-

parts de cette ville, répéta le même genre d'ou-
trages contre les Croisés, jusqu'au moment où
elle fut anéantie par un rocher parti d'une
baliste. Vingt fois nous crûmes qu'il en serait
de même de l'imprudent soldat ; nous nous
attendions à chaque instant à le voir enlever
de son parapet ; mais il n'en fut rien, et il
redescendit sain et sauf après un quart d'heure
de bravades.

Les jours suivans, l'ennemi continua son
feu, qu'il ne ralentissait que pendant la nuit.
Il avait autour de nous quatre batteries, dont
trois foudroyaient le centre de la ville et la
quatrième son flanc du côté du Ciroco, c'est
à dire au midi. La frégate et le brick anglais
s'étaient rapprochés de la place et avaient joint
leur feu à celui des Autrichiens.

Le 24, nous les écrasâmes du nôtre. L'ennemi n'y répondit que faiblement ; mais pendant la nuit il nous jeta un grand nombre de
bombes, qui ne produisirent pas cependant
d'incendie.

Les 25, 26 et 27 purent passer pour des
journées de calme, en comparaison des jours
précédens. Le 28, nos batteries foudroyèrent
les ennemis de terre et les vaisseaux anglais,
qui n'y répondirent point. Mais vers midi un
parlementaire anglais nous apporta une nou-

velle sommation du général Thomassich et du capitaine de la frégate *la Havane*, avec la proposition d'un armistice pour deux jours.

Le gouverneur repoussa cette sommation, et il ajouta que quant à l'armistice, deux jours étaient insuffisans; enfin, il demanda deux mois. Je n'ai pas besoin de faire pressentir à mes lecteurs l'adresse de cette réponse, dont le succès nous aurait sans doute procuré des nouvelles d'Italie et de France, et peut-être des secours. L'ennemi ne s'y méprit point; il refusa la demande, et le feu recommença de part et d'autre avec une nouvelle et une extrême vigueur. Les choses restèrent dans le même état jusqu'au 1.er décembre. Les batteries autrichiennes et les vaisseaux anglais avaient déjà causé de grands ravages à nos fortifications. Les bombes, pendant la nuit, désolaient la ville; et le Podesta écrivit au gouverneur que les têtes s'exaltaient, qu'il ne répondait plus de ses administrés, que le chef de la garde nationale Mirkowich venait de lui déclarer que sa troupe harassée ne pouvait plus continuer son service; enfin, ce magistrat invitait le général à pourvoir à la subsistance de cinq cents familles. Cette lettre était pleine d'astuce, et elle portait le cachet de celui qui l'avait dictée; car le Podesta pouvait être de bonne foi; mais il était

sous l'influence du chef de la garde nationale.
Je crus de mon devoir de le dire au gouverneur,
dont j'avais toute la confiance. Le Podesta exa-
gérait le mal, et sa démarche, qu'il renouvela
le soir en personne, me le rendit suspect. Il
ne craignit pas de se présenter devant les membres du Conseil de défense, et il nous dit
que l'effervescence était dans la ville, que les
habitans étaient disposés à donner la main
aux insurgés, que les Croates démontraient des
intentions hostiles, qu'il ne pouvait plus répondre des événemens. « Maintenez l'ordre dans
» Zara, lui répondit le général avec fermeté;
» c'est là votre devoir. Le mien, et je ne le
» négligerai pas, sera de soulager autant que
» possible votre situation. »

J'arrive à l'événement le plus fâcheux de ce
siége.

Il se trouvait dans la ville 700 Croates, qui
faisaient partie de la garnison; ils s'insurgèrent
dans la nuit du 2 au 3 décembre; et après
avoir massacré le capitaine de recrutement,
dalmate, ainsi que le garde du génie, chef
du magasin d'artifice, qui leur avaient porté des
paroles de paix, ils se répandirent dans la ville,
et s'étant grossis des habitans de Zara, dont
l'insurrection avait été combinée avec la leur,
ils se portèrent, les uns vers l'arsenal, après

avoir fait feu sur ceux de leur troupe qui étaient restés fidèles, les autres vers les prisons, dont ils voulaient enfoncer les portes afin de mettre en liberté les scélérats qu'elles renfermaient, et dont la main habituée au crime leur aurait été un terrible auxiliaire pour les projets qu'ils avaient médités, car nous devions être tous égorgés, pendant que l'on aurait ouvert les portes à l'ennemi du dehors.

Dans ce danger extrême, je reçus l'ordre de me porter vers l'arsenal, d'y pénétrer et de le défendre contre les insurgés. J'y parvins en effet avec quelques gendarmes par une porte dérobée, et devenu maître de l'intérieur, je fis braquer à la porte deux pièces d'artillerie, qui pointaient sur les Croates placés, partie en bataille sur les remparts et partie vers les grilles en fer qui me séparaient d'eux. Ils s'avancèrent en poussant des cris épouvantables, et telle fut leur furie que les barres et les verroux ployèrent sous leur poids, et que je vis le moment où c'en était fait de nous. Mais je ne perdis pas une seconde; je fis mettre le feu aux pièces, dont l'effet fut terrible : tout fut balayé ; et ceux qui ne furent pas anéantis par ces décharges à brûle pourpoint, se réfugièrent dans leur quartier et s'y barricadèrent.

Sur mon rapport, je reçus de nouveaux ordres , et je montai à cheval pour faire le tour des remparts et vérifier si tout était tranquille.

Parvenu au quartier des Croates , je prêtai attentivement l'oreille pour savoir s'ils ne machinaient pas une nouvelle attaque ; mais je n'entendis que des hurlemens , et je revins en instruire mon général , après quoi je repris mon poste à l'arsenal. Là , de nouvelles craintes , de nouvelles inquiétudes vinrent m'assaillir. Il existait à l'ouvrage à corne dépendant de la citadelle , et séparé de la ville , un détachement du même corps insurgé ; il était composé de quatre-vingts Croates et d'un capitaine, et ils pouvaient livrer la citadelle à l'ennemi en lui ouvrant les portes souterraines et de secours. Je fis communiquer ces réflexions au gouverneur , qui m'ordonna de déloger cette troupe insurgée du poste qu'elle occupait. Je m'armai , en conséquence , d'une carabine, je pris avec moi dix gendarmes , je fis baisser le pont-levis de la citadelle et je me portai sur les mutins en faisant croiser la bayonnette à mes soldats. A mes ordres , que je leur intimai d'une voix forte , ces Croates mirent bas les armes , et elles furent aussitôt ramassées et brisées, pendant que , par précaution , je leur avais commandé un demi-tour à droite, auquel ils obéirent par habitude, et qui les empêcha sans doute de s'apercevoir

de la faiblesse de mon détachement ; car c'était
la nuit ; et si ses voiles avaient favorisé les com-
mencemens de cette insurrection , elles prêtè-
rent aussi leur secours à notre fermeté et à l'exécution de nos plans improvisés. Cette expédition
terminée , les ponts-levis furent baissés de nouveau , et je chassai de la ville ces Croates.

Il restait ceux qui étaient échappés aux décharges de l'arsenal. Nous apprîmes , vers les
trois heures du matin , que , mécontens de la
nuit , ils attendaient le jour pour tenter de nouveau le sort des armes ; mais nous avions du
temps devant nous , et nos préparatifs ne tardèrent pas à épouvanter les rebelles. Un de leurs
officiers vint , à sept heures du matin , nous
communiquer leur désir de sortir de la ville avec
leurs armes. J'étais d'avis de braquer contre leur
quartier deux pièces d'artillerie qui se trouvaient
dans son voisinage sur les remparts. Le gouverneur en pensa autrement , et peut-être eut-il
raison. Notre garnison , réduite aux soldats
de France , était en petit nombre ; et M. Roise
crut plus prudent d'ouvrir à ces vils Croates les
portes de la ville.

Comme je l'avais prévu , ils allèrent se joindre
à l'armée assiégeante , et après la capitulation ,
nous eûmes la douleur de les voir entrer des
premiers dans Zara.

Le lendemain de cette nuit affreuse (c'était le 3 octobre), nous apprîmes que les marins d'Illyrie, au nombre de 300, allaient aussi s'insurger de concert avec la population. Le gouverneur, pour en prévenir les suites, fit dire au Podesta qu'il s'occupait des soins nécessaires pour soulager les habitans, mais qu'il était urgent de le seconder.

Le soir, cependant, trois marins cherchèrent à faire périr, sous leur poignard, le capitaine de marine Capelin : c'était un jeune homme du plus grand mérite et qui conservait sa gaîté française au sein des plus grands dangers. Un jour, sur les remparts, le gouverneur lui dit, en ma présence : « Voyez ! l'ennemi nous couvre » de boulets ; où vont les vôtres ? je n'en puis » apercevoir l'effet. — Je le crois bien, ré- » pondit l'impassible Capelin, je tire si juste, » que mes boulets s'enfoncent dans la bouche » des canons autrichiens. » Et de rire, pendant que les projectiles ennemis mêlaient leurs sifflemens aux éclats de notre gaîté. Ce sang-froid le fit échapper aux coups des trois assassins qui, voyant leur complot manqué, se précipitèrent au bas des remparts, et désertèrent à l'ennemi. Il en passa ainsi deux cents qui quittèrent ou la ville ou les vaisseaux que nous avions dans le port.

C'est dans ces circonstances difficiles que le gouverneur crut devoir ordonner une sortie pendant la nuit, pour tâcher de détruire les batteries ennemies de terre placées au village des Albanais, égorger leurs postes et enclouer leurs canons. Mais M. Guibert, chef de bataillon, commandant le régiment italien, fournit une déclaration signée de sa main, par laquelle il refusa d'exécuter cet ordre, attendu les mauvaises dispositions de ses troupes. Déjà ce Méry, qui m'avait si mal secondé dans la première sortie, avait écrit au général un refus semblable. La désertion des marins continuait; l'insubordination était à son comble; les officiers la toléraient; les batteries du rempart étaient abandonnées; la garde nationale ne voulait plus faire son service, et son chef astucieux Mirkowich avait annoncé au général Roise que sa troupe n'occuperait plus son poste sur le front de mer : c'était le moment ou jamais de montrer de la résolution. J'offris au gouverneur de sortir avec soixante-treize gendarmes. « Votre perte est cer- » taine, me dit Monsieur le baron Roise, et » que me resterait-il dans la place? » Il ne lui serait resté en effet que quarante-cinq canonniers. Je n'exagère rien............; la désertion avait enlevé les uns, la trahison avait rendu les autres ennemis : telle était enfin notre situation que, nous défiant de nos domestiques , et redoutant le poison dont les italiens ne savent que trop faire usage , nous nous étions décidés à préparer nous-mêmes nos alimens , ce que nous faisions, chacun à notre tour , sous les galeries du palais du gouvernement. Dans ces extrêmités , le gouverneur assembla le conseil de défense , pour lui soumettre la situation de la place et la question d'une capitulation ; ils furent tous d'avis de se soumettre à la destinée........

La ville était en effet écrasée , les remparts endommagés, nos pièces démontées , et comme des vers rongeurs , l'insurrection et la trahison nous déchiraient le sein. Mais la brèche cependant n'était point praticable , et le décret de l'Empereur nous soumettait, en ce cas, à passer par un conseil de guerre. Je donnai lecture vainement de ces lois protectrices de l'honneur français ; il me fut répondu que tout ne pouvait y être prévu , et la décision fut prise contre mon avis.

J'avais tort , sans doute ; mais que l'on me pardonne ce mouvement de vanité : ce n'est pas sans satisfaction que je me souviens de ne pas avoir approuvé par ma signature ce triste procès-verbal. Le 5 décembre , le gouverneur envoya devers le général Thomassich, l'officier commandant l'artillerie de la place, Piquet, dont la bravoure , le zèle et les talens avaient prolongé notre défense.

Le 6 , la capitulation fut ratifiée de part et d'autre , et le 9 , nous eûmes la douleur de livrer la ville. Ce jour de deuil, nous sortîmes de Zara pour rentrer en France prisonniers de guerre sur parole. Les officiers conservèrent leur épée et leurs bagages , comme la gendarmerie ses propriétés.

Non ! quoique cette capitulation ait eu lieu contre mon avis, je ne dirai pas que la garnison française et ses chefs ont forfait à l'honneur. La perte de ce boulevard des provinces Illyriennes fut due uniquement à la défection des indigènes, à la faiblesse , pour ne rien dire de plus, des Italiens , à l'insurrection des Croates; c'est-à-dire que l'ennemi eut à se féliciter plutôt de ses manœuvres ténébreuses , qu'à s'énorgueillir de sa bravoure.

CHAPITRE X.

Retour en France.

La garnison de Zara sortit de la ville par la porte de Trieste, et elle fut dirigée à travers les deux Croaties sur la ville de Fium, où elle séjourna pendant quelque temps. L'état-major s'embarqua sur un navire anglais pour cette même destination. Cette traversée fut pénible, dangereuse même, à cause des vents et des courans formés par le fleuve Kulpa qui nous repoussaient du port; car les câbles auxquels nous étions amarrés étant venus à se rompre, nous fûmes rejetés en mer, et ce ne fut qu'après des efforts inouis que nous parvînmes à débarquer.

Je perdis pendant ce voyage un être qui m'était devenu cher par les soins que je lui avais donnés. On a tant calomnié les chats, que je demande la permission à mes lecteurs de leur donner une notice sur celui-ci; elle pourra réhabiliter leur mémoire dans l'esprit de nos naturalistes.

On m'en fit présent pendant mon séjour à Turin en 1808. Il n'avait que six mois, et il annonçait les plus belles dispositions. Je lui donnai une éducation brillante, et comme jamais chat n'en avait reçu. Il passait la nuit dans ma chambre, tout proche de mon lit, et sur un coussin des plus moelleux. C'était de mes mains qu'il recevait sa nourriture, et il s'attacha à moi par les liens d'une reconnaissance dont je ne l'aurais pas cru susceptible. Il m'accompagnait partout. Dans mes voyages il se plaçait dans ma voiture à mon côté. Bientôt il me suivit à la chasse. Il est vrai que les premiers coups de feu l'épouvantèrent au point qu'il partait comme un trait et ne s'arrêtait que sur le seuil de la porte de la comtesse B., à Vinovo. Mais il finit par s'accoutumer à ces explosions, et dans Zara il ne me quitta pas sur les remparts, malgré le fracas de l'artillerie.

Picolino, c'était son nom, valait un chien d'arrêt. Si je lui indiquais du doigt un lézard ou un oiseau, il manquait rarement sa proie qu'il venait déposer fidèlement à mes pieds. Lorsque la chasse se prolongeait au-delà de ses forces, il m'annonçait sa fatigue par quelque cri plaintif, et il venait se reposer sur mon bras.

C'était aussi par des cris, qu'en ville il m'annonçait la visite d'un étranger, et il avait le soin de le prendre à la porte et de l'escorter sur l'escalier et dans les couloirs avec la gravité d'un laquais à livrée ou d'un huissier audiencier.

Si je prenais mon chapeau ou mon épée pour sortir, il quittait aussitôt son siége et me suivait dans la ville. Mais au premier chien que nous rencontrions, il se réfugiait d'un seul bond sur mon épaule, et de là il faisait la grimace à l'ennemi.

Quand je fus nommé prévôt en Dalmatie, je ne voulus point me séparer des deux objets de mes affections, et les Dalmates nous virent arriver tous les trois en conquérans dans ma calèche, la comtesse et moi sur le fond et Picolino sur le tablier.

Les visages morlaques l'étonnèrent ; et certes il y avait de quoi : mais il s'y accoutuma comme aux coups de fusils.

Picolino s'était aussi attaché à madame B... qu'il suivait dans Zara avec toute l'exactitude d'un mentor ou d'une duègne. Un jour, en revenant de chez M. le baron Roise, je ne fus pas peu surpris d'apercevoir mon chat en faction en face de l'hôtel de l'intendance. Mon arrivée le releva de garde, car il fut aussitôt à moi, et nous nous retirâmes ensemble. Il ne me fut pas difficile de deviner la cause de cette faction ; et lorsque ma belle compagne revint, je lui adressai

quelque reproche sur la visite que Picolino
m'avait fait connaître. Mais les dames ne sont
jamais en défaut sur ce sujet, et les défaites ne
manquèrent pas à madame B....

Après la capitulation de Zara, Picolino fut
embarqué comme nous et comme prisonnier de
guerre. Mais les soins que je donnai pendant la
traversée à ma belle compagne, me le firent
trop négliger, et j'en fus cruellement puni. Mon
pauvre chat disparut pendant la nuit. Que l'on
juge de mes inquiétudes lorsque, malgré toutes
mes recherches, je ne pus retrouver ses traces.
Un italien se fit un jeu ou plutôt une spéculation
de ma douleur et des larmes de la comtesse : je
vous fournirai des nouvelles de Picolino, me
dit-il, si vous voulez me donner une pièce de
cinq francs. Il l'eut aussitôt dans la main. Or,
cette nouvelle qu'il me vendait était la mort de
mon malheureux chat dont la riche taille et
l'embonpoint avaient tenté la friandise des
matelots qui le mangèrent en civet. Ma fureur
égala le désespoir de ma compagne. Nous quittâmes Fium aussitôt, et j'allai attendre à Udine
le général Roise qui me chargea de porter la
capitulation de Zara au prince vice-roi dont le
quartier-général était alors à Véronne.

C'était un voyage long et difficile, puisqu'il
me fallait ou faire un grand détour par le Tyrol,

ou traverser toute l'armée autrichienne qui nous séparait de Véronne. En suivant ce dernier parti, j'exposai mon impatience française aux difficultés, aux longueurs, aux formes méticuleuses des Allemands. Mais mon passage par le Tyrol pouvait avoir des conséquences bien plus fâcheuses; car ce pays était à cette époque dans une telle effervescence que rien ne pouvait y garantir la vie d'un officier de ma nation. Si j'avais été seul, j'aurais peut-être préféré quelque danger aux désagrémens sans fin qui m'attendaient au milieu des troupes allemandes; mais les circonstances graves où nous nous trouvions me faisaient craindre une prompte rentrée de l'armée française dans les limites de l'ancienne France. Nous nous attendions, nous nous préparions madame B. et moi à l'époque cruelle de notre séparation, et nous cherchions en conséquence à dérober en quelque sorte l'avenir, en consacrant tout le présent à jouir du plaisir d'être ensemble. Enfin nous nous étions juré de ne pas nous quitter un seul instant pendant notre séjour en Italie, et il fut décidé qu'elle me suivrait au quartier-général du vice-roi. J'obtins du prince de Reuss un passeport, sous l'obligation de me présenter au quartier-général du feld-maréchal Bellegarde, à Vicence; et à mon départ d'Udine, le 29 décembre 1813, je me dirigeai sur cette ville. Un factionnaire que nous trouvâmes à la porte m'arrêta , mais , sur mon observation que j'allais au quartier-général , il nous laissa passer ; et après quelques instans de repos dans un hôtel de Vicence , je me hâtai de sortir pour me présenter chez le feld-maréchal. Je trouvai même en route le général Waldone que l'on m'avait déjà dépêché pour savoir les motifs de mon apparition dans Vicence. Le feld-maréchal était dans une colère terrible contre moi , et il me fit ce que l'on appelle une scène. Mais j'étais venu sous la foi d'un passeport autrichien , j'étais Français , je ne devais pas laisser contre les officiers de ma nation des impressions défavorables dans l'esprit de ces allemands que j'avais vus moins fiers dans d'autres occasions et qui montraient par leur insolence dans la victoire combien peu ils en avaient l'habitude. Mon langage fut ferme dans sa politesse , et je crois que je soutins dignement l'honneur du caractère français. Aussi le feld-maréchal ne tarda-t-il pas à s'apaiser , et après un entretien qui devint presque amical , il m'accorda un passeport , et me donna pour m'accompagner le comte Latour , capitaine de cavalerie. Quelques jours après (comme je l'ai appris depuis) M.ʳ R. D. L. , intendant de la Dalmatie , traversa comme moi les pays occupés par l'armée autrichienne, sous la protection du comte de Thurn. Cet officier lui parla de mon entrevue avec le général Bellegarde. « En vérité, lui dit-il, on aurait cru à l'entendre et à le voir que Vicence était à l'armée française. »

Tout le monde sentira comme moi le plaisir que je dus éprouver, après avoir traversé toutes ces lignes autrichiennes, à l'aspect des soldats français, des uniformes français et des aigles françaises. Le vice-roi était à Veronne, et j'eus l'honneur de lui être présenté le 31. Il m'avait connu dans la Garde Consulaire, et il daigna me témoigner beaucoup d'intérêt. J'étais prisonnier sur parole et je fus, d'après ses ordres, échangé, ce qui me procura l'avantage de pouvoir reprendre du service dans l'armée du prince jusqu'à la paix.

Le prince Eugène reçut de moi, non seulement la capitulation de Zara, mais encore un rapport qu'il me demanda sur la situation de la place et sur les circonstances du siége.

Je ne dirai pas la douleur que nous éprouvâmes tous, lorsque la proclamation du 17 avril 1814 fut mise à l'ordre du jour de l'armée. Le prince vice-roi nous y faisait ses adieux de Mantoue. Il nous parlait de ses regrets, des devoirs qui lui restaient à remplir ; c'était pour nous rappeler aux sentimens des nôtres, et certes, nous n'y avons jamais manqué, ni lui ni nous.

L'armée s'ébranla donc pour quitter l'Italie, l'Italie où nous laissions tant de souvenirs de gloire et d'amour ! Mon corps qui suivait le grand quartier-général passa par Turin, où je devais me séparer de Mme B....

Cette séparation fut des plus cruelles. Depuis l'an 13, jusques à 1814, je m'étais fait une douce habitude de la société de cette belle et aimable Italienne. Elle m'avait suivi partout ; elle avait embelli pour moi cette Dalmatie, dont les déserts et la population âpre et farouche étaient restés presque inaperçus au milieu des enchantemens de son amour.

Je l'ai déjà dit, la comtesse B.... ne craignait pas d'affronter, en s'appuyant sur mon bras, les bombes et les boulets qui écrasaient Zara et la citadelle. Elle me suivait même sur les remparts, au milieu des plus grands dangers qu'elle se plaisait à affronter pour me prouver combien je lui étais cher. Cette liaison avait bien ses orages : une Italienne est toute de feu, et quelques éclats de jalousie venaient quelquefois troubler la sérénité de notre amour ; mais nous n'en goûtions que mieux ensuite les douceurs de la réconciliation. Que l'on juge donc du désespoir de nos adieux ! Cette séparation me causa un déchirement au cœur, dont le souvenir m'afflige encore.

Et puis dans quelles circonstances graves nous nous sommes quittés! Il ne faut pas comparer un départ que nécessite la victoire avec celui qui suit une retraite. Lors du premier, on quitte sa maîtresse joyeux, parce que la gloire console de l'amour, parceque l'on conserve l'espérance de se revoir, parceque la victoire garantit le retour. Mais nous allions quitter l'Italie; c'était une retraite. Non seulement je ne pouvais pas espérer d'y revenir; mais savions-nous seulement quels événemens nous attendaient en France? Ainsi nous nous séparions de tout ce qui nous était cher, blessés au cœur par tout ce qui peut affliger l'homme. Au reste, mes craintes ne furent que trop fondées, et jamais depuis, malgré mes recherches, je n'ai eu des nouvelles de Madame B.... Je laissai à cette dame ma calèche, mes chevaux et mon cocher; et traversant les Alpes par le Mont-Genève, nous nous dirigeâmes sur Aurillac, d'après les ordres de S. Exc. le ministre de la guerre. J'y séjournai avec mon escadron composé des compagnies de Raguse et de Dalmatie, jusques à l'arrivée de M. le lieutenant-général Margaron, commissaire du Roi, envoyé d'après les ordres de S. M. pour vérifier ma comptabilité et licencier mon corps.

Le 8 septembre 1814, M. le Lieutenant-général fit connaître son arrêté de comptabilité,

honorable pour les membres composant le conseil d'administration dont j'étais le président ; il
en rendit compte au gouvernement , et le 18
même mois le Ministre de la guerre m'ordonna
d'aller prendre le commandement du 21.ᵉ escadron, dont le chef-lieu était Auch.

Avant de quitter Aurillac , j'eus des devoirs
de convenance à remplir envers M. le Préfet ; je
dus donc lui faire connaître par écrit les intentions de Sa Majesté que m'avait transmises
S. Exc. le Ministre de la guerre. Ce magistrat
m'écrivit la lettre suivante :

BUREAU   Aurillac, le 11 octobre 1814.
PARTICULIER.

« MONSIEUR LE CHEF D'ESCADRON,

» J'ai reçu la lettre que vous m'avez fait l'hon-
» neur de m'écrire le 10 du courant ; pour me
» prévenir que vous alliez vous rendre auprès
» de l'escadron que vous commandez dans la
» onzième légion ; je ne puis que vous exprimer
» le regret que j'ai de voir que les nouveaux
» ordres que vous avez reçus vous mettent dans
» la nécessité de quitter ce département : n'ayant
» eu qu'à me louer des relations qui ont existé
» entre vous et moi pendant votre séjour ici, et

» particulièrement depuis que vous avez pris le
» commandement de la gendarmerie du Cantal,
» j'aurais désiré que ces relations eussent pu se
» continuer plus long-temps.

    » Agréez , Monsieur le Chef d'escadron ,
» l'assurance de ma considération la plus dis-
» tinguée.

             » *Le Préfet du Cantal* ,

         » Le Baron LACHEDENAY. »

Je quittai donc la résidence d'Aurillac, pour aller occuper le poste que S. M. venait de me confier ; et c'est là que j'ai reçu ma retraite.

FIN.

TABLE
DES CHAPITRES.

www.ingramcontent.com/pod-product-compliance
Lightning Source LLC
Chambersburg PA
CBHW072112090426
42739CB00012B/2943